Hildegard von Bingen

dargestellt von Helene M. Kastinger Riley

Rowohlt
rororo

rowohlts monographien begründet von Kurt Kusenberg
herausgegeben von Wolfgang Müller und Uwe Naumann

Redaktionsassistenz: Katrin Finkemeier
Umschlaggestaltung: Walter Hellmann
Vorderseite: Die Seherin Hildegard von Bingen
und der Mönch Volmar. Ein fünffacher Strahl, der das Klosterdach durchbricht und auf Augen, Ohren, Stirn und Herz zielt, erleuchtet Hildegard, während sie ihre Visionen niederschreibt. Illustration zur Vorrede des «Scivias». Nach der 1927–1933 von den Nonnen der Abtei St. Hildegard angefertigten Kopie des im Zweiten Weltkrieg verschollenen Rupertsberger Kodex
Rückseite: Das Kloster Rupertsberg, um 1625.
Zeichnung nach einem verschollenen Ölgemälde
(Sammlung Dr. Werner Lauter, Rüdesheim am Rhein)
Frontispiz: Hildegard von Bingen.
Statue in der Abtei St. Hildegard, Rüdesheim-Eibingen

Originalausgabe
Veröffentlicht im Rowohlt Taschenbuch Verlag GmbH,
Reinbek bei Hamburg, August 1997

Satz Times PostScript Linotype Library, Quark XPress 3.32
Gesamtherstellung Clausen & Bosse, Leck
Printed in Germany
1290-ISBN 3 499 50469 3

Inhalt

Ein gebet zů der heyligen sant Hildegard.

Almechtiger ewiger got wir bitten dich/das du vns verleihen wöllest den geist der warheit/vnd so genedig sein/alß du der heyligē iungfrawen sant Hildegard ge wesen bist/das wir hie zeitlich vnd bey dir inn ewiger se ligkeit deinen willen volnbringen mögen. Amen.

Hildegard schreibt an ihrem Werk, inspiriert von der Trinität. Holzschnitt aus «Die Legend des heyligen herzogen sant Ruprechts / bey Byngen uff sant Ruprechtsberg leyplich rastende. Die Legend von der seligen jungfrawen sant Hildegard der Christlichen Sibilla und offenbarerin der heymlichen wunderwerck gotes / die Aptißin uff sant Ruprechtsbergk gewessen ist» von Jacob Köbel, 1524

Vorbemerkung

Hildegard kommt aus einer sehr fernen Zeit zu uns. Zwar können wir die Geschichte ihrer Wirkung bis in unsere Zeit verfolgen, doch die Person Hildegards bleibt uns eher verborgen. Nur wenig Gesichertes ist über sie bekannt, und was wir wissen können, muß mühevoll aus spärlicher Überlieferung erschlossen werden. Jahrhundertelange Legendenbildung und Interpretationen, die unterschiedlichen Interessen gehorchen, zeigen uns nur ein unvollkommenes Bild von Hildegards Persönlichkeit. Auch die materiellen, sozialen und geistigen Bedingungen, die ihr Leben und das ihrer Zeitgenossen vor fast tausend Jahren prägten, lassen sich nur in Umrissen erkennen, vollständig rekonstruieren und ganz verstehen können wir sie nicht. Für uns ist schon unvorstellbar, daß eine Tagesreise von 25 Kilometern zu Fuß oder zu Pferd nur bei trockenem Wetter und mit minimalem Gepäck ohne Schwierigkeiten unternommen werden konnte. Unvorstellbar auch, daß den meisten Menschen jede Nachricht und alles Wissen mündlich weitergegeben wurde, weil sie weder lesen noch schreiben konnten. Die wenigen von Hand geschriebenen Bücher stellten Kostbarkeiten dar. Wer nicht in einem Kloster, an einem bedeutenden Fürstenhof oder in einer der wenigen zumeist kleinen Städte lebte, war ausgeschlossen von den ersten Ansätzen einer intellektuellen Kultur, die zudem vorwiegend vom Klerus getragen wurde. Noch existierte keine Gesellschaft mit vielfältigen Beziehungen, wie wir sie kennen. Die meisten Menschen lebten relativ isoliert voneinander in Familien oder in kleinen Dörfern; ihre Verbindungen zu anderen überschritten zumal bei Leibeigenen oder freien Bauern, bei Händlern oder Handwerkern selten den Umkreis ihres Wohnorts oder das Herrschaftsgebiet des Grundherrn. Die tägliche Sorge um den Lebensunterhalt beanspruchte alle Kräfte, er mußte in harter Arbeit einer Natur abgerungen werden, die nicht nur spendete, sondern die Menschen auch bedrohte, sie ins Verderben riß, wenn Feuersbrünste ihre Häuser zerstörten, Überschwemmungen die Ernten vernichteten und Seuchen ganze Landstriche entvölkerten. Die Zwiegesichtigkeit der Natur, einerseits als Hervorbringerin

Saincte Hildeg… v. 17. Septembre.

Ie ſuis d'autant plus aſſeuré que IESVS m'ayme, que plus il permet que ie ſois tourmentée. *Saincte Hildegarde.*

LA PATIENCE.

Oraiſon de l'Egliſe.

NOus ſupplions voſtre bonté, mon Dieu, d'exaucer nos prieres, & puiſque nous vous les preſentons à l'honneur de Saincte HILDEGARDE; faites que nous participions à ſes ſainctes & pieuſes affections. *Nous vous en prions par les merites de Ieſus. Qui vit & regne, &c.*

Priez pour les Pauures des Hoſpitaux.
Et pour tous ceux qui ſont morts en leur ſeruice.

Pater. Aue.

Französische Darstellung der hl. Hildegard aus dem 17. Jahrhundert.
Paris, Bibliothèque Nationale

einer unerschöpflichen Fülle an Leben, andererseits als unberechenbare, bedrohliche Macht, prägte im ersten Millennium auch das Verständnis von Gut und Böse, das sowohl religiöse als auch ontologische Züge trug.

Die beachtliche geistige Leistung Hildegards von Bingen muß vor dem Hintergrund ihrer Zeit gesehen und gewürdigt werden. Eine wissenschaftliche Beurteilung ihrer Texte mit den Maßstäben des 20. Jahrhunderts verhindert den Zugang zu ihren Schriften. Hildegard, die sich selbst *simplex homo* und *humilis forma* nannte, hat zu Recht kirchliche und weltliche Wissenschaftler erstaunt. Ihrem Universalgenie verdanken wir ein umfangreiches Opus hervorragender Kompositionen, Dichtungen, natur- und heilkundlicher Schriften, linguistischer Versuche und visionärer Exegesen. Diese Frau setzte dem schöpferischen Geist ihres Geschlechts ein eindrucksvolles, lebendiges Denkmal. Die Bedeutung ihres Werks ist noch immer nicht vollständig erschlossen und zutreffend gewürdigt.

Trotz des umfangreichen Schrifttums über sie bleibt die historische Persönlichkeit Hildegards jedoch weiterhin undeutlich. Hierfür sind mehrere Gründe verantwortlich. So gibt es zu ihrer Lebensgeschichte nur wenige historisch ergiebige Quellen, und auch diese sind nicht immer zuverlässig. Zu diesen Quellen gehören u. a. ihre Schriften und Briefe, zeitgenössische Kommentare zu ihrem Werk und ihrer Person und offizielle kirchliche Dokumente. Schon zu Hildegards Lebzeiten begannen sich um ihr Leben und Wirken Legenden zu ranken, wie es der mittelalterlichen Auffassung von Geschichte durchaus entsprach. Im Laufe der Jahrhunderte haben sie sich so eng mit den spärlichen Fakten verflochten, daß die erst in der Neuzeit eingeführte reinliche Trennung der historischen von den legendären Schichten kaum mehr möglich ist. Die Schriften der Heiligen, deren Echtheit nach eingehenden Quellenuntersuchungen der Benediktinerinnen Adelgundis Führkötter und Marianna Schrader[1] unbestritten ist, haben teilweise sogar dazu beigetragen. Sie wurden zum Großteil von ihren Sekretären niedergeschrieben und von Schreibern in den Klöstern kopiert. Dies geschah zu ihren Lebzeiten wohl unter ihrer Aufsicht, doch zeugen manche ihrer Bemerkungen davon, daß ihren Anweisungen nicht immer Folge geleistet wurde. Dieses Problem wird beispielsweise von Adelgundis Führkötter und Lieven Van Acker angeschnitten.[2]

Es liegt auf der Hand, daß bei Abschriften trotz größter Aufmerksamkeit unbeabsichtigte Fehler unterlaufen. Neuere quellenkritische Studien haben jedoch auch ergeben, daß Hildegard von einer tendenziösen Umarbeitung ihres Briefwechsels gewußt und dies gebilligt hat. Bei den Vorarbeiten zur kritischen Edition der Briefe erklärt Van Acker, daß die «von der Autorin selbst genehmigten Anpassungen» sich nicht nur auf sprachliche Änderungen beschränken, sondern daß «auch in die Darstellung der historischen Fakten» eingegriffen wurde.[3] Ähnliche Um-

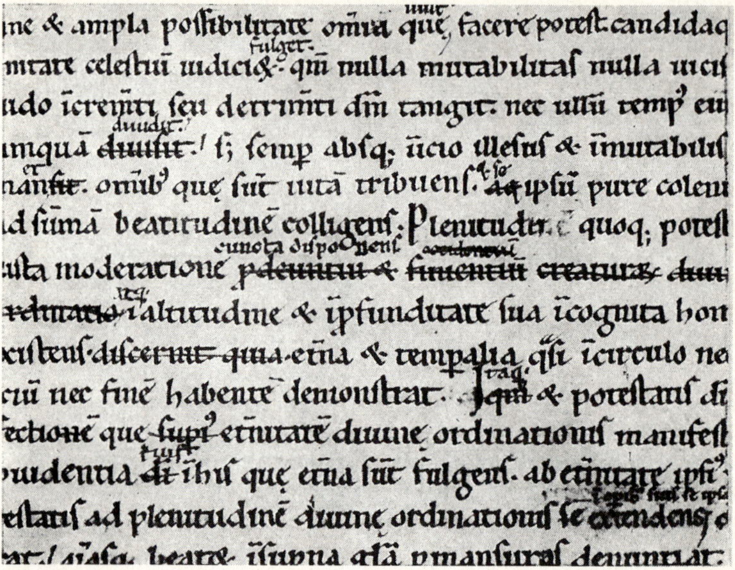

Ausschnitt aus dem «Liber divinorum operum» mit der Handschrift dreier Schreiber, 1170–1174, Rupertsberg und S. Eucharius, Trier. Gent, Universitätsbibliothek, Cod. 241, S. 344

arbeitungen finden sich auch in den großen Kompilationen, durch die Hildegards Werk nach ihrem Tod überliefert wurde. Vergleichende Untersuchungen zeigten zum Beispiel, daß der im Wiesbadener Riesenkodex erhaltene Brief Hildegards an Erzbischof Arnold von Köln eigentlich ein Amalgam mehrerer ihrer Briefe an verschiedene Personen niedrigen sozialen Ranges ist. Der angebliche Empfänger, eine historisch wohlbekannte Persönlichkeit, hat offensichtlich nie diesen Brief von ihr erhalten. Van Acker nennt dieses Vorgehen «eine der kecksten Verfälschungen»[4] und erklärt solche Änderungen damit, daß die soziale Stellung des Briefempfängers für die Formulierungen des Textes eine wichtige Rolle spielte.[5] Vergleiche der handschriftlichen Wiesbadener, Wiener und Stuttgarter Quellen zeigten auch, daß Hildegards berühmter Briefwechsel mit Bernhard von Clairvaux nicht vom hl. Bernhard, sondern von Hildegard selbst eingeleitet wurde, daß sie also «bewußte Manipulationen, die ihren Ruhm zu vermehren beabsichtigten, genehmigt oder wenigstens geduldet» hat.[6]

Lieven Van Ackers Hinweise auf die Motive solcher Umgestaltungen der Originale sind glaubhaft, und zukünftige Recherchen werden zweifellos in vielen der Werke Hildegards noch weitere derartige Eingriffe entdecken, die entweder von der Autorin selbst stammen oder später von Schreibern, Kopierern, Kompilatoren, Buchdruckern und Herausgebern vorgenommen wurden. Dennoch kann hier von «Verfälschungen» im heutigen Sinne nicht gesprochen werden. Dem Mittelalter waren Treue zum Wortlaut und Achtung vor dem geistigen Eigentum anderer noch unbekannte Werte. Im Gegenteil, die Kenntnis interessanter Originale verpflichtete geradezu zu ihrer Verbreitung mit Ausschmückungen, und Umarbeitungen trugen wesentlich zum Ruhm des Autors wie des Bearbeiters bei. Dieser Einstellung verdankt die Nachwelt zum Beispiel die ursprünglich aus französischen Quellen stammenden deutschsprachigen höfischen Epen der Stauferzeit.[7] Aber auch die Lebensgeschichte historischer Personen wurde selbstverständlich zum Ansatzpunkt von Legendenbildungen. Schon im Mittelalter wurde Hildegards «Briefpartner» Kaiser Friedrich I. Barbarossa zur Sagenfigur, die im Volksglauben noch immer im Kyffhäuser auf ein neues deutsches Reich wartet. In diesem Sinne ist das Vorgehen Hildegards, ihrer Schreiber und Kompilatoren keineswegs ungewöhnlich, sondern reiht sich in die Gepflogenheiten der Zeit ein.

Wenn die geringe Anzahl der Quellen und deren Unzuverlässigkeit die historische Person Hildegard auch weitgehend dem Zugriff entzieht, ihr schöpferisches Erbe hat sich verbreitet, und ihre Verehrung ist bis in die Gegenwart angewachsen. Kirche, Buchhandel, Musik- und Literaturwissenschaft und nicht zuletzt die heutigen Verfechter der sogenannten Hildegard-Medizin haben hierzu beigetragen. Die Wertschätzung Hildegards beruht eben nur zum kleinsten Teil auf ihrem historischen Leben und Wirken, vielmehr liegt in der Vielfalt postumer Erzählungen, Legenden und Zuschreibungen gerade die anscheinend unerschöpfliche Quelle ihres Nachruhms.

Zu dieser Legendenbildung hat auch das geistliche Schrifttum einen großen Teil beigetragen. Obwohl sich die Heilige nicht rühmte, Wunder gewirkt zu haben, begann schon der Mönch Theoderich von Echternach, Verfasser des zweiten und dritten Buchs der *Vita* Hildegards, seine Aufzeichnungen «wie mit hineingeflochtenen Blumen» zu schmücken.[8] Theoderich erklärt, «daß kaum ein Kranker» sich an Hildegard wandte, «der nicht sogleich die Gesundheit zurückerhielt», und beschreibt im dritten Buch detailliert, wie Hildegard die unterschiedlichsten Krankheiten durch das Auflegen der Hände (Kap. 1), den Genuß von Weihwasser (Kap. 7 und 8), das Auflegen ihrer Haare (Kap. 11 und 12) und ähnliches heilte. In Hildegards Sterbestunde habe ein riesiges, rotschimmerndes Kreuz «den ganzen Berg in strahlendes Licht» getaucht, und es soll auch «vor ihrem Begräbnis nicht an Wundern» gefehlt haben, «die das Ver-

Skriptorium der Abtei Echternach. Miniatur aus dem Evangelistar Kaiser Heinrich III., 1039/40. Bremen, Staats- und Universitätsbibliothek

dienst ihrer Heiligkeit bezeugen»[9]. Nach ihrem Tod nahmen die Wunderwirkungen Hildegards ein derartiges Ausmaß an, daß sich der Mainzer Erzbischof Siegfried II. persönlich zum Rupertsberg begab, um die Heilige aufzufordern, «weitere Wunderzeichen zu unterlassen»[10].

Der Prozeß der Heiligsprechung wurde bereits im 13. Jahrhundert auf Ersuchen einer Nachfolgerin Hildegards eingeleitet. Aber auch dieser wichtige kirchliche Vorgang liegt im historischen Dunkel. Das 1233 von Mainz nach Rom gesandte Aussageprotokoll der Rupertsberger Nonnen

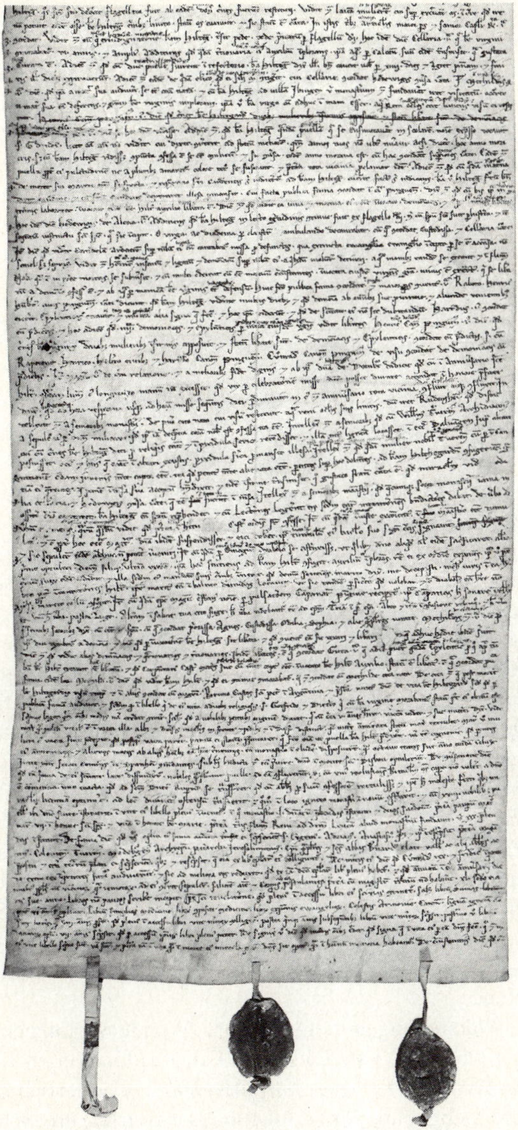

Beginn des Protokolls dreier Mainzer Stiftsgeistlicher über Leben, Wirken und Wundertaten Hildegards, 1232/33. Die Ergänzungen von anderer Hand zwischen den Zeilen stammen aus dem Jahr 1237, als im Auftrag Papst Gregors IX. eine weitere Untersuchung durchgeführt wurde. Koblenz, Landeshauptarchiv

und anderer Augen- und Ohrenzeugen wurde 1237 zur Korrektur und Ergänzung nach Mainz zurückgesandt. Dieses stark korrigierte Dokument liegt heute im Koblenzer Landeshauptarchiv. Inwiefern diese Richtigstellungen den Tatsachen besser entsprechen, ist nicht mehr festzustellen. Der Polyhistor und Abt Johannes Trithemius (1462–1516) berichtet zwar von angestrengten Nachforschungen unter den Päpsten Klemens V. (1305–1314) und Johannes XXII. (1316–1334), doch ist dies anderweitig nicht belegt. Durch Trithemius, einen glühenden Verehrer der Heiligen, ging auch die Ortschaft Böckelheim als Geburtsort Hildegards ins Schrifttum ein. Marianna Schrader kommentiert, «daß dem Historiker Trithemius trotz umfassenden Wissens geschichtliche Treue nicht als höchstes Gesetz und ausschlaggebende Norm galt»[11]. Nach Aufzeichnungen im Wiesbadener Riesenkodex wurden 1489 und 1498 die Gruft des Rupertsberger Chores und der Schrein Hildegards in Anwesenheit der Äbtissin und des Konvents geöffnet und besichtigt.

Die Verehrung der heiligen Hildegard setzte allerdings schon lange vor dem 15. Jahrhundert ein, in dem sich ihr Name als Prophetin im Heiligenverzeichnis (Martyrologium) findet.[12] Ausgehend von der illuminierten Rupertsberger Handschrift des *Scivias* (um 1165) wird in den bildlichen Darstellungen Hildegards vor allem das exemplarische Leben, die tiefe Gläubigkeit, die Nähe zum Vorbild Christi und das karitative Wirken der Nonne betont. Ein metallener Rahmen, der vielleicht den Deckel einer Handschrift aus dem 12. Jahrhundert zierte, zeigt sie bereits mit anderen Heiligen, aber zu deren Füßen und direkt an die Darstellung Christi angelehnt.[13] Eine Malerei auf einer Urkunde aus dem Jahr 1342 stellt Hildegard zur rechten Hand Mariens mit dem Kinde und gegenüber Rupertus dar. Gegen Ende des Humanismus wird ihre Gelehrtheit auf einem Fresko in der Liebfrauenkirche zu Oberwesel verschlüsselt angedeutet: Es zeigt Hildegard zwischen zwei Heiligen, St. Erasmus dem Nothelfer und einem Unbekannten. Die Anspielung auf den berühmten Humanisten Erasmus (1466?–1536) ist dabei unübersehbar. Solche Bilder belegen, wie sehr auch Künstler mit bildnerischen Mitteln das üppige Geflecht der Legenden um Hildegards Persönlichkeit beeinflußten und ausgestalteten.

Moderne Darstellungen betonen ihre Wunderwirkungen – so der Wandbehang (ca. 1964) von Schwester Felicitas Heinen im Kinderheim St. Johann in Osnabrück.[14] Ihrer karitativen und erzieherischen Tätigkeit wird durch Namengebung für Krankenhäuser (Berlin) und Schulen (Bingen) gedacht.

Mit der Übersetzung ihrer Schriften ins Deutsche begann eine neue Phase der Hildegard-Rezeption. Damit wurde auch Laien der Zugang zu Hildegards Werk ermöglicht und das Interesse eines breiteren Publikums

Kupferstich eines Metallrahmens aus den «Acta sanctorum», 1676. Rechts unterhalb der Darstellung Christi die hl. Hildegard. Der Bildschmuck des vermutlich aus dem 12. Jahrhundert stammenden Rahmens zeigt Szenen aus dem Leben des hl. Disibod.

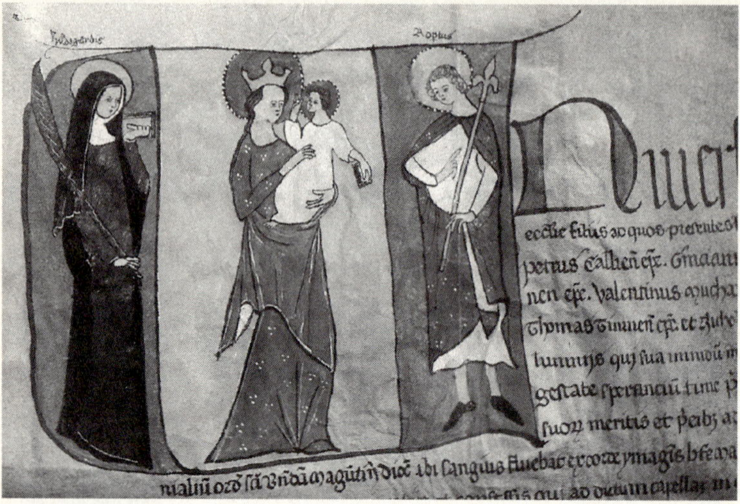

Initiale mit der hl. Hildegard, Maria mit dem Kind und dem hl. Rupert. Indulgenzbrief aus Avignon für das Kloster Rupertsberg, 1342

geweckt. Bekanntlich ist jede Übersetzung aber auch eine Interpretation und folglich eine Umarbeitung des Originals, zumal bei einer Autorin wie Hildegard, die ihre Texte ursprünglich diktierte und bei der sich schwerverständliche Formulierungen finden, denen sicher auch inhaltliche Unklarheiten zugrunde liegen.

Die deutschen Übersetzungen galten zunächst der Lebensbeschreibung der Heiligen. Der Oppenheimer Stadtschreiber Jacob Köbel besorgte schon 1524 eine deutsche Ausgabe der Hildegard-Vita. Darin zeigt ein Holzschnitt die Trinität und Hildegard mit Heiligenschein. 1854 gab Ludwig Clarus[15] die *Vita* und einen Teil der Schriften Hildegards «zum ersten Male verdeutscht» heraus. Vergleiche dieses Werks mit der Übersetzung der Hildegard-*Vita* von Adelgundis Führkötter zeigen deutlich, wie stark solche Übertragungen in Wortlaut und Interpretation des Originals voneinander abweichen können.

Noch schwieriger gestaltet sich die Textfrage bei Hildegards heil- und naturkundlichen Schriften, die schon früh von Kopisten und Interpreten in verschiedene Bücher eingeteilt, neu betitelt oder mit Auslassungen und Erweiterungen versehen wurden. Die Akten des Kanonisationsprozesses von 1233 erwähnen ein Buch Hildegards über die einfache Medizin (*Liber simplicis medicinae*) und eines über die zusammengesetzte Medizin (*Liber compositae medicinae*). In einem Brief vermerkt aber schon Volmar, der sich als Vorsteher des Rupertsberger Klosters bezeichnet, eine «expositio naturarum diversarum creaturarum» Hildegards.[16] Vermutungen über diese Werke begannen mit der Schrift von F. A. Reuß «De libris physicis S. Hildegardis» (1835) und sind bis heute ohne Ergebnis geblieben. J. Schott gab 1533 der ersten Ausgabe des *Liber simplicis medicinae* den Titel *Physica S. Hildegardis*, und in der Kopenhagener Handschrift Cod. 90b erscheint erstmals der *Liber compositae medicinae* unter dem Titel *Beate Hildegardis cause et cure*. Diese beiden Titel sind bis heute gebräuchlich. Zur komplizierten Quellenfrage gibt Peter Riethe im Vorwort und in den textkritischen Anmerkungen seines Bandes *Naturkunde*[17] Auskunft und liefert auch eine knappe, aber präzise Angabe der wichtigsten Handschriften und deren Abweichungen voneinander.

Auf den engen Zusammenhang des *Liber subtilitatum diversarum naturarum creaturarum* mit Hildegards «Geheimschrift» *Lingua ignota* machte bereits J. B. Pitra aufmerksam, der «S. Hildegardis Opera», eine der beiden lateinischen Gesamtausgaben des 19. Jahrhunderts, im 8. Band seiner «Analecta sacra» besorgte.[18] Mit dieser und der zweiten Gesamtausgabe, Jacques Paul Mignes «Opera omnia» Hildegards in Band 197 der «Patrologiae latinae»[19], sind die meisten Schriften Hildegards in Lateinisch zugänglich. Auf diese beiden Ausgaben stützt sich eine Vielzahl von Untersuchungen und Interpretationen, die in Hildegards Werk ihre Kenntnis der Werke von Plinius, Vergil, Ovid, Constantinus Africanus, Isidorus Hispalensis, Walafridus Strabus, der medizinischen Schule von Salerno und vieler anderer Quellen bestätigt glauben. Diese Gesamtausgaben ebenso wie die Kompilationen und die meisten obengenannten wissenschaftlichen Arbeiten stammen von Autoren, die im Dienst der Kirche arbeiteten oder ihr nahestanden. Sie sind im heutigen Sinne wissenschaftlich nicht einwandfrei und enthalten zum Teil gravierende Fehler und Mängel, bezeugen jedoch das Kontinuum der Forschungstätigkeit.

Der 1978 erschienene Band von *Hildegardis Scivias*, herausgegeben von Adelgundis Führkötter und Angela Carlevaris[20], leitet die kritische lateinische Ausgabe von Hildegards Werken ein. Einige der Herausgeber[21] haben auch deutsche Übersetzungen der Werke, die ihnen zur Edition überlassen wurden, veröffentlicht. Sie werden hier als Textgrundlage benutzt.

Der *Scivias* ist zweifellos Hildegards bedeutendstes Werk und die Grundlage ihres Ruhms. Bis heute sind insgesamt zehn *Scivias*-Handschriften bekannt, darunter der verschollene illuminierte Kodex, der um 1165 wohl unter persönlicher Leitung Hildegards in der Rupertsberger Schreibstube entstand. Die 235 Blätter umfassende, reichbebilderte

Handschrift kam 1814 in die Nassauische Landesbibliothek in Wiesbaden. Während des Zweiten Weltkrieges wurde sie nach Dresden ausgelagert und ist seither nicht mehr nachweisbar. Allerdings haben die Nonnen der Abtei St. Hildegard in Eibingen in der Zeitspanne von 1927 bis 1933 den Kodex vollständig auf Pergament kopiert. Darüber hinaus existiert eine von der Abtei Maria Laach angefertigte fotografische Reproduktion. Der Erstdruck des *Scivias*, den Migne als Druckvorlage in der «Patrologiae latinae» benutzte, erfolgte 1513 durch den Humanisten Jacobus Faber. Allerdings ist unsicher, auf welche Vorlage Faber zurückgegriffen und wieweit er selbst den Text verändert hat.

Aus diesem kurzen Überblick über die Quellenlage lassen sich die Schwierigkeiten erkennen, denen sich jede Beschäftigung mit Hildegard gegenübersieht. Auch diese Darstellung des Lebenswegs der hl. Hildegard kann sich nur auf wenige gesicherte Fakten stützen, vieles muß vorsichtig erschlossen werden.

Angehörigen der Abtei St. Hildegard in Eibingen sowie Herrn Dr. Werner Lauter, Verfasser der Hildegard-Bibliographien, bin ich für zahlreiche Hinweise zu besonderem Dank verpflichtet. Den Abschnitt über Hildegards musikalisches Schaffen hat freundlicherweise Sr. Maria Immaculata Ritscher OSB aus dem Kloster Marienrode überprüft, wofür ich ebenfalls herzlich danke.

Das Leben der heiligen Hildegard

Kindheit

Mit einiger Sicherheit können wir annehmen, daß Hildegard im Jahre 1098 als zehntes und letztes Kind Hildeberts und Mechthilds auf dem Herrenhof in Bermersheim bei Alzey geboren wurde. Das Gehöft umfaßte wohl, wie damals üblich, stattliche Gebäude und mehrere kleinere Behausungen der Leibeigenen. Umgeben war der Stammsitz des Bermersheimer Adelsgeschlechts von ausgedehnten Ländereien mit ihren Äckern, Wiesen und Weingärten.

Die Taufkirche Hildegards in Bermersheim v. d. Höhe. Davor eine kleine Statue der hl. Hildegard, das Werk eines Steinmetzes aus Taufkirchen

Über Hildegards Kindheit und über das Leben in Bermersheim ist nichts historisch Zuverlässiges bekannt, doch wird es sich nicht wesentlich von dem auf ähnlichen Höfen unterschieden haben. Zahlreiche Bedienstete sorgten unter der Oberaufsicht der Hausfrau, Hildegards Mutter Mechthild[22], für die Pflege der herrschaftlichen Räume, für die Ernährung der Familie und des Gesindes sowie für die Herstellung der notwendigen Gebrauchsgegenstände und der Kleidung. Wahrscheinlich wurde Hildegard einer Amme anvertraut, die sich um den Säugling und auch um die älteren Geschwister Hildegards kümmerte. Außer durch die bessere Ausstattung der Wohnräume wird sich der Herrenhof kaum von einem großen Bauernhof und seinem Betrieb unterschieden haben. Knechte und Mägde sorgten für das Vieh und halfen den leibeigenen Bauern bei der Ernte von Getreide und Wein. Eine strenge Arbeitsteilung herrschte: Das Hauspersonal verrichtete nicht die Aufgaben des Gesindes, und die freien Knechte und Mägde betrachteten ihre Stellung innerhalb der Gesellschaft jener der Hörigen überlegen.

Während Hildebert sich um die Bewirtschaftung des Gutes mit Hilfe seiner Aufseher kümmerte, war Mechthild für den reibungslosen Ablauf des großen Haushalts verantwortlich. «Die Ehefrau war der Vormundschaft des Mannes unterworfen. Doch blieb ihr als Herrin des Hauses die Schlüsselgewalt.»[23] Für die Kinder waren in dieser Zeit beide Eltern achtungswürdige Personen, deren Wort für alle Anwesenden Befehl war. Das Zugehörigkeitsgefühl zu ihnen basierte vor allem auf der Ebenbürtigkeit des Standes, denn Kinder waren gewöhnlich unter der Aufsicht der Bediensteten. Eine gewisse ehrerbietige Distanz zu den Eltern, die schon im vierten Gebot anklingt, blieb dabei gewahrt, und die herzliche Zuneigung, die heute zwischen Mutter und Kind üblich ist, war in der höheren Gesellschaftsschicht jener Zeit eher selten. So ist es bezeichnend, daß Hildegard in der einzigen Äußerung über ihre Mutter diese Frau als Gefäß und Übermittlerin ihres Lebens und ihrer seherischen Gabe beschreibt: *Bei meiner ersten Gestaltung, als Gott mich im Schoße meiner Mutter durch den Hauch des Lebens erweckte, prägte er dieses Schauen meiner Seele ein.*[24] Auch Hildegard entwickelte wohl ein nachhaltiges Ehr- und Standesbewußtsein, das der Erfahrung gesellschaftlicher Hierarchie im täglichen Leben entsprach.

Die Freude an der Natur, die Verbundenheit mit allem, was in ihr lebt, wird Teil des kindlichen Lernprozesses gewesen sein, der Hildegards frühe Jugend auf dem Bermersheimer Gut prägte. Doch dieses vielleicht etwas introvertierte Kind kämpfte mit inneren Bildern, die es nicht verstand: *In meinem dritten Lebensjahr sah ich ein so großes Licht, daß meine Seele erbebte, doch wegen meiner Kindheit konnte ich mich nicht darüber äußern*[25], lautet die autobiographische Aussage, die Gottfried in

Erntebild aus dem «Jungfrauenspiegel», spätes 12. Jahrhundert.
Die Szenen symbolisieren die drei Stände der Frau – Jungfrau (oben), Witwe (Mitte) und Ehefrau (unten) – anhand der Arbeiten bei der Ernte.
Bonn, Rheinisches Landesmuseum

Ein Lichtstrahl hebt Hildegard aus dem Kreis der spielenden Geschwister heraus. Seitenflügel des Hildegardis-Altars in der Rochuskapelle bei Bingen. Aus der Bildhauerwerkstatt Busch in Steinheim, nach einem Entwurf des Architekten Max Meckel 1895 in Holz geschnitzt

der *Vita* festhielt. Dieses Unerklärliche konnte das Kind jederzeit in Unruhe versetzen, so daß sie von *Kindheit an niemals in Sicherheit lebte, nicht eine einzige Stunde*[26]. Einmal fragte das Mädchen ihre Pflegerin, ob jeder Mensch solche Dinge erlebe. *Als ich davon erschöpft war, versuchte ich von meiner Amme zu erfahren, ob sie, abgesehen von äußeren Dingen, irgend etwas sähe. Und sie erwiderte: «Nichts», weil sie nichts dergleichen sah. Da ward ich von großer Furcht ergriffen und wagte nicht, dies irgend jemandem zu offenbaren. Indem ich über vielerlei sprach, pflegte ich aber auch von zukünftigen Dingen zu erzählen.*[27]

Zwei Punkte sind aufschlußreich in dieser Aussage. Hildegard fragte ihre Amme, nicht aber ihre Mutter oder andere Verwandte. Diese frühe Betreuerin war also ihre Vertrauensperson, zu der das Kind dasselbe persönliche Verhältnis hatte, das sie später mit ihrer Meisterin Jutta verband. Diese Frauen vertraten Mutterstelle an ihr, wie wir sie heute verstehen. Der zweite bemerkenswerte Punkt ist, daß sie sich fürchtete, über diese Zustände zu sprechen. Sie betrachtete diese Gesichte als eine der vielen Krankheitserscheinungen, denen sie als Kind ausgesetzt war.[28] Ihre Angst war durchaus begründet zu einer Zeit, wo das Andersgeartete zum Ausschluß aus der Gemeinschaft und zur Verfolgung führte oder zumindest als Schandmal und Teufelszeichen (rotes Haar, Muttermale usw.) angesehen wurde. Da Hildegard *auch von zukünftigen Dingen* sprach, wurde sie sicher als Sonderling betrachtet. Sie schreibt: *Und bis zu meinem fünfzehnten Lebensjahr sah ich vieles, und manches erzählte ich einfach, so daß die, die es hörten, sich sehr wunderten, woher es käme und von wem es sei. Da wunderte ich mich auch selbst, [...] daß ich dies von keinem anderen Menschen hörte. Darauf verbarg ich die Schau, die ich in meiner Seele sah, so gut ich konnte.* Wenn sie aber *von dieser Schau ganz durchdrungen war, sprach ich vieles, was denen, die es hörten, fremd war.*[29] Als sie fünf Jahre alt war, so wird berichtet, sah sie richtig die Form und Zeichnung eines Kalbes innerhalb der trächtigen Kuh voraus.[30] Die damalige Gesellschaft war weit davon entfernt, solche Anzeichen übernatürlicher Gaben positiv zu bewerten. Man fürchtete den Teufel und den bösen Blick. Später schreibt Hildegard: *[...] aus Furcht vor den Menschen wagte ich niemandem zu sagen, was ich schaute.*[31]

Den Eltern konnten all diese bedrohlichen Anzeichen kaum lange verborgen bleiben. Schon die Amme wird ihnen davon berichtet haben, wenn sie es nicht durch das Gerede des Gesindes oder von Hildegards Geschwistern erfuhren. Sie mögen Hildebert und Mechthild schon früh vor die besorgte Frage nach der Zukunft ihrer Tochter gestellt haben. Eine Heirat, wie dies für Mädchen bereits ab dem 13. Lebensjahr üblich war, schien durch Hildegards Gesundheitszustand ausgeschlossen zu sein. Der Eintritt in ein Kloster war jedoch schon im Kindesalter möglich.[32] Ein glücklicher Umstand erleichterte den Eltern die Entscheidung: Jutta, die Tochter des Grafen Stephan von Spanheim, mit dem die Bermersheimer über 25 Kilometer Entfernung hinweg freundschaftliche Beziehungen unterhielten, hatte sich zum Eintritt ins Kloster entschlossen. Ihr Vater ließ für sie eine Klause bauen, die am etwa acht Kilometer südlich von Spanheim gelegenen Mönchskloster Disibodenberg errichtet wurde. Dort zog Jutta am 1. November 1106 mit der achtjährigen Bermersheimerin ein, denn *unter Seufzern haben mich meine Eltern Gott geweiht*[33], heißt es in der *Vita*. Ein angemessenes Geschenk wurde dem Mönchskloster für die weitere Sorge um Hildegard überlassen.

Jugend und Reifezeit

In der Hildegard-Literatur hat es sich eingebürgert, von Hildegards Entfernung aus der Familie in positivem Ton zu sprechen: «Da die Eltern an ihrer Jüngsten schon im zarten Kindesalter etwas Besonderes wahrnahmen, [...] beschlossen sie, Hildegard gleichsam als ‹Zehnten› Gott zu

Die Eltern übergeben Hildegard der Jutta von Spanheim auf dem Disibodenberg. Wandbild in der Kirche der Abtei St. Hildegard, Rüdesheim-Eibingen, 1900–1904

weihen.»[34] Darüber sagen die Quellen nichts. Gottfried schreibt: «Als sie ungefähr acht Jahre alt war, wurde sie, um mit Christo begraben zu werden, [...] in ein Kloster auf dem Berge des heiligen Disibodus gebracht.»[35] Dietrich zitiert Hildegard: *In meinem achten Jahre ward ich Gott zu einem geistigen Verkehre dargebracht.*[36] Es ist nicht wahrscheinlich, daß das Kind an der Entscheidung teilnahm.

Für Hildegard begann in der Klause unter Juttas Führung ein neuer Lebensabschnitt. Noch einmal wurde für dieses Kind eine Erzieherin zur Vertrauensperson. Jutta von Spanheim, die außer Hildegard noch ein zweites Mädchen[37] zur Pflege übernommen hatte, muß selbst sehr jung gewesen sein, denn sie war das zweite Kind ihres Vaters. Dieser war aber zum Zeitpunkt von Juttas Eintritt in die Klause erst 31 Jahre alt.[38] Die junge Jutta unterrichtete Hildegard sorgfältig «im Gewande der Demuth und Unschuld», schreibt Gottfried in der *Vita*. «Hildegard lernte die Psalmen und Jutta lehrte sie dieselben auf der Harfe spielen. Außer dieser einfachen Kenntnis des Psalters empfing sie von keinem Unterricht im Lesen oder in der Musik.»[39] Diese Bemerkung kann in die Irre führen, denn sie unterstellt den Erziehungsbegriff der Zeit, den zum Beispiel der «Speculum virginum», ein um 1100 wohl am Mittelrhein entstandenes Werk von großer Verbreitung, zusammenfaßt. Er verlangt von der Jungfrau vor allem Keuschheit, Gehorsam, Demut und Mäßigkeit[40], ein Ideal, das Gottfried an Hildegard voraussetzt. Zwar nannte sich Hildegard später gern *indocta (ungelehrt)*, womit sie vielleicht auf ihre mangelnde Kenntnis in den «freien Künsten» anspielte, zweifellos erhielt sie jedoch weitaus mehr Bildung als die meisten ihrer Geschlechtsgenossinnen, auch wenn sich dieses Lernen nicht im Rahmen der formalen wissenschaftlichen Ausbildung des höheren Klerus vollzog. Die aufmerksame Hildegard verbrachte nicht nur täglich viele Stunden im Gebet, sie erwarb sich erstaunliche Kenntnisse in der lateinischen Sprache und der Exegese durch das «Erlernen, Beten und Betrachten der Psalmen und vom Lesen der Heiligen Schrift»[41]. Wie sie später im *Scivias* bekennt, übte sie sich auch im eigenhändigen Schreiben.[42]

Das Leben der drei allein heranwachsenden Kinder wird sehr ruhig gewesen sein, doch Hildegards Gesichte blieben. *Ließ aber die Gewalt der Schau ein wenig nach, in der ich mich mehr wie ein kleines Kind als nach den Jahren meines Alters verhielt, so schämte ich mich sehr, weinte oft und hätte häufig lieber geschwiegen, wenn es mir möglich gewesen wäre. Denn aus Furcht vor den Menschen wagte ich niemandem zu sagen, was ich schaute. Doch die Edelfrau, der ich zur Erziehung übergeben worden war, bemerkte es und teilte es einem ihr bekannten Mönch mit.*[43] Hildegard

Die Grundmauern der Klause Jutta von Spanheims an der Außenmauer des Mönchsklosters Disibodenberg. Dahinter die Ruine des Hospizes

fand Stärke im Glauben und in der geregelten Einsamkeit des klösterlichen Lebens.

Wir wissen wenig über diese Zeit ihrer Jugendjahre. Zwischen ihrem 14. und 17. Lebensjahr trat sie dem Benediktinerorden bei[44] und wurde in die benediktinische Gemeinschaft aufgenommen. Die *Vita* berichtet nur, daß Hildegard weiterhin «fast ständig an schmerzlichen Krankheiten zu leiden» hatte, «so daß sie nur selten gehen konnte. Und da ihr ganzer Körper ununterbrochen Schwankungen unterworfen war, glich ihr Leben dem Bild eines kostbaren Sterbens.» Sie fastete viel, sprach wenig und kleidete sich einfach.[45]

Das Klosterleben auf dem Disibodenberg

Ziemlich bald nach dem Bau der ans Kloster angrenzenden Klause und dem Einzug der drei Mädchen vergrößerte sich die kleine Gemeinschaft, bedingt durch die noch geringe Anzahl von Nonnenklöstern, um einige weitere Frauen. Da das mitgebrachte Vermögen der Neuankömmlinge ebenso wie jenes von Hildegard und ihrer Meisterin dem Männerkloster zufiel, befanden sich die Klausnerinnen stets in wirtschaftlicher Abhängigkeit vom Mönchskloster. Das Priestertum war ebenfalls den Mönchen vorbehalten, dadurch waren die Klausnerinnen im Gottesdienst auch geistig abhängig vom Mönchskloster. Der Abt bestimmte einen Mönch als Propst und Beichtvater für die Nonnen, der sie in religiösen Dingen zu unterweisen hatte. Einer dieser Pröpste war der Mönch Volmar, der mehr als 30 Jahre Hildegards Sekretär sein sollte.

Zwei Ereignisse auf dem Disibodenberg hinterließen nachhaltigen Eindruck bei Hildegard, nämlich die Schaffung einer künstlerisch gestalteten Handschrift und der Bau der Kirche, der sich über 35 Jahre hinzog. Die zehnjährige Hildegard hatte 1108 die Grundsteinlegung für den Neubau erlebt und bis zur Einweihung der Basilika am 29. September 1143 die Bauarbeiten an Kirche und Kloster, die Weihe einzelner Altäre und die Anfertigung eines Kodex zu diesem Anlaß mitverfolgt. Der auf dem Disibodenberg geschriebene und reichgeschmückte Kodex enthält das Martyrologium und die Benediktusregel.[46] Bau und Buch wurden zu Leitmotiven für ihr Leben und zu Sinnbildern in ihrem späteren Schaffen.

Die Regel des heiligen Benedikt bestimmte den Tagesablauf und die Lebensweise der Benediktiner. Einen Einblick in das tägliche Leben Hildegards während der mehr als 70 Jahre, die sie im Kloster verbrachte, gibt uns daher ihre Auslegung dieser Regel für die Klostergemeinde Hü-

Der hl. Benedikt schreibt die Regel nieder. Federzeichnung aus dem Kodex Zwiefalten, 12. Jahrhundert. Stuttgart, Württembergische Landesbibliothek, Cod. hist. 2° 415,87r

ningen, die um eine «Denkschrift über die Regel unsers Vaters, des heiligen Benedict» gebeten hatte.[47] Hildegard beginnt mit der Feststellung, daß die Benediktusregel Richtlinie sei, die eine sichere, geordnete und beständige Lebensführung der Mönche ermögliche, ohne die Anweisungen mit Details zu belasten: *[…] was er nicht geschehen lassen will, untersagt er ganz offen, und wozu er auffodern will, spricht er offen aus. Dasjenige aber, worüber er in dieser Weise schweigt, überläßt er dem Belieben.* Neben den Anweisungen zum Gottesdienst erörtert Hildegard die Bestimmungen über das Sprechen, Schlafen, Wachen, Essen, Fasten sowie die Kleidung und die Körperreinigung. Das Sprechen war nur selten gestattet, und nur dann, *wenn etwas zu berathen oder etwas in Geschäften oder wegen dringender Noth auszuführen ist. Alsdann sollen sie mit einander zusammen, aber nicht einzeln reden,* und auch dies erst nach gegebener Erlaubnis. Hildegard bemerkt, daß *zur Winterzeit, d. h. vom 1. November bis Ostern, um die achte Stunde der Nacht aufgestanden werden* solle, *damit in der Mitte Nacht eine Pause gemacht würde.* Weil im Winter die Dunkelheit bereits gegen 16 Uhr anbricht und die Mönche um 24 Uhr schon acht Stunden geschlafen hatten, dürfe nicht *über die Maaßen* bis Tagesanbruch weitergeschlafen werden. Nachdem der Mensch *sich dem trägen Schlafe entwunden und sich gereinigt hat,* sei die restliche Nachtzeit mit dem Singen von Psalmen, Gebeten und *Nachdenken* zu verbringen. *Hierbei ist zu bemerken, wie sowohl für den Sommer als für den Winter […] die Brüder weder nach den nächtlichen noch nach den Früh-Übungen zum Ausruhen in's Bett zurückkehrten, sondern die nächtlichen Wachzeiten zu beiderlei Zeit so einrichteten, daß sie schon beim Singen der Loblieder den Tag anbrechen sahen.* Dieses Bett war sowieso nicht besonders einladend: *Zur Lagerstätte sollen ausreichen: eine Matte, eine Decke und ein Kopfkissen. Sie sollen bekleidet schlafen, nämlich in einem einzigen und einfachen Kleide, das unmittelbar die Haut umschließt; sie sollen nicht nackt liegen; dasselbe muß von Wolle sein […]. Sie müssen mit Gürteln und Stricken umgürtet sein, damit das Kleid, in welchem sie schlafen, sich nicht verschiebe und sie dergestalt nackt erscheinen.* Am Samstag wurde eine größere Reinigung vorgenommen: *Wenn der Bruder aus der Woche heraustritt, soll er am Sabbath eine Reinigung vornehmen, und mit Besen, wo es nöthig ist, Schmutz und Staub hinwegfegen. Ferner: Es sollen sowohl derjenige, welcher heraustritt, als derjenige, welcher eintreten will, Allen die Füße waschen, nämlich auf Befehl.* Streng geregelt war auch der Speisezettel. Interessant ist, daß eine ärztlich verschriebene Diät heute kaum von Hildegards Auslegung abweichen würde: *Man soll sich vom Genusse des Fleisches der vierfüßigen Tiere jeglicher Art enthalten*, doch darf Geflügel gegessen werden, weil es *rein* sei. Ausgenommen von dieser Regel sind Kranke, Schwache, Alte und Kin-

Die Überreste des Refektoriums und des neunbogigen Weinkellers im Mönchskloster Disibodenberg. Nach der Aufhebung des Klosters wurden die Gebäude von den Bewohnern der Umgebung als «Steinbruch» benutzt.

der, denen das Essen von jederlei Fleisch gestattet ist. Als Zukost dürfen Obst und Hülsenfrüchte gereicht werden. Außerdem dürfen auch Fische, Käse und Eier vorgesetzt werden *und sind angenehm. Diese hat der fromme Vater nicht genannt, weil er wußte, daß die Mönche dieser sich nicht enthielten.* Verboten ist es, ohne Billigung des Abtes außerhalb des

Klosters zu essen, *selbst wenn er [der Mönch] dazu von Jemand eingeladen sein sollte*, oder innerhalb der Klostergemeinde das Essen ganz abzulehnen. *Dagegen mag er von jeder der Regel entsprechenden und gewöhnlichen Speise und Trank, die ihm in der Gesellschaft der Brüder regelmäßig und insgeheim vorgesetzt wird, sich einen Theil entziehen, allein dergestalt, daß es kein Aufsehen macht und zu Redereien Anlaß gibt.* Die Mäßigkeit im Essen ist dem einzelnen vorbehalten, denn der Speisemeister *soll den Brüdern den festgesetzten Mundvorrath ohne Ab- und Verzug verabreichen*, das heißt, er darf nicht *Einem, dem er wohl will, mehrere und bessere Speisen verabreichen, oder dem, welchem er übel will, schlechtere und wenigere.*

Die Bestrafung von Vergehen ist ebenfalls festgelegt. *Ist ein Bruder widerspenstig, ungehorsam, dünkelhaft u. s. w.*, jedoch reuig, dann wird er *mittelst einfacher Worte von der Gemeinschaft mit den Brüdern, entweder im Refectorium, oder beim Gottesdienste im Chor, oder im Schlafsaale, oder Ähnlichem gesondert […], weil diese Strafe für die Einsichtigen beschämender ist, als eine körperliche.* Böswillige dagegen sollen *einer Leibesstrafe unterworfen, d. h. mit Schlägen oder andern körperlichen Züchtigungsmitteln heimgesucht werden.* Dem Abt war es überlassen, über die Härte der Strafe zu entscheiden. Daß die Bestrafung manchmal zu hart war, geht aus dem Briefwechsel Hildegards mit dem Benediktinerkloster St. Michael in Bamberg hervor. Auf Bitten der Mönche um Fürsprache ermahnt sie Abt Helmrich, daß die Mönche *dem Leibe nach christusgehörig* seien, und er dürfe nicht zulassen, *daß sie ihre Seelen, die droben im Himmel viele Verdienste haben, auslöschen.* Den Mönchen des Klosters rät sie, den Abt zuerst um Schonung zu bitten und, wenn er beharrt, *in Demut den Rat anderer Meister* zu suchen.[48]

Die Strapazen einer Reise zur Zeit Hildegards machten aus Gastfreundschaft geradezu eine notwendige Tugend. Hildegard gibt spezielle Anweisungen für die Bewirtung von Gästen, die wie Christus zu verehren seien. Anklänge an Überreste altgermanischen Brauchtums sind darin unübersehbar, sie finden sich auch mehrfach in ihren naturkundlichen Schriften. Hildegard schließt mit der Erklärung, daß die Benediktusregel Inbegriff der rechten Unterscheidung sei: *Alles, was in dieser Regel geschrieben worden, ist keineswegs zu beengend, sondern nimmt auf Rechts und Links Rücksicht.* Hildegards Auslegung bezeugt eine intensive gedankliche Auseinandersetzung mit Sinn und Zweck dieser Vorschriften, die für sie und ihre Umgebung das tägliche Leben regelten.

Die Wende

Als die Meisterin der Klause, Jutta von Spanheim, am 22. Dezember 1136 in noch relativ jungen Jahren starb[49], begann für Hildegard ein neuer Lebensabschnitt. Die Achtunddreißigjährige wurde als Gründungsmitglied einstimmig von den Nonnen zur Meisterin gewählt.

Als sie die führende Rolle in der Frauenklause übernimmt, tritt Hildegards Persönlichkeit erstmals in schärferem Licht hervor. So ist u. a. ihr Grundsatz, nur adelige Nonnen in ihre Gemeinschaft aufzunehmen, später auf Kritik gestoßen. Man hat versucht, ihre kluge und einsichtsvolle Führung der ihr anvertrauten klösterlichen Familie mit Schlagworten zu skizzieren, die den Gaben und Fähigkeiten dieser frommen Frau kaum gerecht werden. Barbara J. Newman meint, Hildegard habe der «deutschen Benediktineraristokratie der Blütezeit» angehört[50] und an eine göttliche und weltliche ständische Ordnung geglaubt. Für Edith Ennen beharrte «Hildegard, die manche ‹modernen› Züge trägt, [...] in einem Punkt bei der alten Tradition: Sie verteidigte das Adelsprivileg.»[51] Hildegard selbst erklärte schlicht, die Standesunterschiede seien gottgewollt. *Er hat acht, daß der geringe Stand sich nicht über den höheren erhebe, wie Satan und der erste Mensch getan [...]. Welcher Mensch sammelt seine ganze Herde in einen einzigen Stall, Ochsen, Esel, Schafe, Böcke, ohne daß sie auseinanderlaufen? Darum soll man auch hier den Unterschied wahren, damit nicht die, die aus verschiedenen Volksschichten kommen, [...] auseinandergesprengt werden.*[52] Diese Ordnung aufrechtzuerhalten war ihr Ziel und Aufgabe. Einerseits erhob diese Ordnung Hildegard über Nichtadelige, andererseits bedingte sie die Unterordnung der Frau unter den Mann. Im klösterlichen Leben befürwortete sie die benediktinische Maxime «Ora et labora» als fundamentale Lebensregel; Gehorsam war für sie eine gottgewollte Pflicht. Unter diesen Voraussetzungen entfaltete sich ihr weiteres Wirken.

Hildegard hatte aber auch die Schwächen der Menschen kennengelernt. Sie kannte die Gewalt, das politische Ränkeschmieden, die Macht des Vermögens und den Einfluß der Beziehungen. Auch unter den Dienern Gottes gab es den Ehrgeiz und das Laster. Aus ihren späteren Briefen wissen wir um die Fehden zwischen Adel und Kirchenprälaten, die vor Kirchenplünderungen und Mord nicht zurückschreckten.[53] «Die jahrhundertelange Verquickung geistlicher Prälaturen mit staatlichen Vollmachten und Pflichten hatte die Gefahr der Verstrickung der Kirche in die Dinge dieser Welt übermächtig werden lassen. Verweltlichung des höheren, Unwissenheit des niederen Klerus, Verrohung des sittlichen Empfindens waren die Auswirkung von Simonie, Investitur und Priesterehe.»[54] Sie kannte die Welt und sah ihre Zeit als reformbedürftig: *Scivias*, der *Liber Scivias simplicis hominis*[55], sollte der Wegweiser werden.

Die Jahre zwischen ihrer Übernahme der Klause als Meisterin und dem Durchbruch zum Schriftstellertum waren erfüllt von einer erwartungsgetränkten, selbstkritischen Schau nach innen. Hildegard hatte miterlebt, wie die Frauengemeinschaft am Disibodenberg durch zahlreiche Eintritte adeliger Mädchen stark angewachsen war. Die Räumlichkeiten waren längst zu klein geworden, doch fiel das beträchtliche Vermögen derjenigen, die in die Klause eintraten, weiterhin dem Männerkloster zu, das der Verwaltung der Güter vorstand. Sichtbare Anzeichen des Wohlstands waren das Aufblühen des Klosters und der Bau der neuen Kirche, dessen Fortschreiten Hildegard täglich miterleben konnte. Auch die Anfertigung des reichgeschmückten Kodex zur Kirchenweihe wird sie mitverfolgt haben. Bau und Buch, diese Symbole physischer und geistiger Gegenwart Gottes auf Erden, das konkretisierte Wort sozusagen, das gleichzeitig die Macht der Kirche auf die beständigste Art verkündete, die es auf Erden gab, waren Hildegard ein Fingerzeig Gottes.

Im Jahre 1141 […], als ich zweiundvierzig Jahre und sieben Monate alt war, schreibt Hildegard im Vorwort zu ihrem Erstlingswerk *Scivias*, *kam ein feuriges Licht mit Blitzesleuchten vom offenen Himmel hernieder. Es durchströmte mein Gehirn und durchglühte mir Herz und Brust gleich einer Flamme, die jedoch nicht brannte sondern wärmte, wie die Sonne den Gegenstand erwärmt, auf den sie ihre Strahlen legt. Nun erschloß sich mir plötzlich der Sinn der Schriften, des Psalters, des Evangeliums und der übrigen katholischen Bücher des Alten und Neuen Testamentes*, und eine *Stimme vom Himmel* forderte sie auf, das Erfahrene öffentlich mitzuteilen.[56]

Es ist durchaus verständlich, daß Hildegard zögerte, diesen Auftrag auszuführen. Jahrelang hatte sie ihre Visionen sorgfältig «aus Furcht vor dem Gerede der Leute und dem verwegenen Urteil der Menschen»[57] geheimgehalten. Außer der verstorbenen Jutta wußten trotz täglichen Kontakts nicht einmal die anderen Nonnen davon. Auch innerhalb der Kirche durfte sie nach dieser Offenbarung den größten Widerstand erwarten. Als Frau war ihr das Predigen, Schreiben und öffentliche Reden nach Paulinischem Diktum verboten. Für sie herrschten Schweigepflicht und Unterwerfung. Die Anmaßung priesterlicher Funktionen, das wußte sie, würde sie gerechtfertigter Kritik und empfindlicher Strafe aussetzen. Trotzdem fühlte sie sich beauftragt, interpretierend und lehrend die Heilige Schrift auszulegen, weil der Klerus seine Mission vernachlässigte.

Ich weigerte mich zu schreiben, erklärt sie im Vorwort zu *Scivias* weiter, *nicht aus Hartnäckigkeit, sondern aus dem Empfinden meiner Unfähigkeit, wegen der Zweifelsucht, des Achselzuckens und des mannigfachen Geredes der Menschen, bis Gottes Geißel mich auf das Krankenlager warf.*

Hildegard notiert ihre Visionen auf Wachstafeln, die Nonne Richardis assistiert ihr, und der Mönch Volmar kopiert den Text in ein Buch. Autorenbild unter der ersten Vision in «Liber divinorum operum», um 1230. Lucca, Biblioteca Statale, Cod. lat., Ms 1942, fol. 1v

Da endlich legte ich, bezwungen durch die vielen Leiden, Hand ans Schreiben.[58] Sie entschloß sich, wieder einen Vertrauten zu wählen, dem sie das Geheimnis ihrer «Schau» gestehen konnte, und wählte ihren Beichtvater, Magister Volmar. Einige Jahre später kommt sie nochmals auf diese Zeit des Zweifels in ihrem Brief an Bernhard von Clairvaux aus dem Jahr 1147 zurück: *Denn keinem Menschen wagte ich es zu sagen – weil es unter den Menschen, wie ich die Leute sagen höre, viele Spaltungen gibt –, nur einem Mönche, den ich geprüft und in seinem klösterlichen Wandel erprobt gefunden habe. Ihm habe ich alle meine Geheimnisse geoffenbart, und er hat mich getröstet mit der Sicherheit: sie seien erhaben und schauererregend.*[59] Volmar wurde mit Erlaubnis seines Abtes Kuno der Sekretär Hildegards und schrieb in jahrelanger ergebener Arbeit Hildegards Visionen genau nach ihren Anweisungen zu ihrem Erstlings- und Hauptwerk *Scivias* nieder. Richardis von Stade, eine Verwandte Juttas und Vertraute Hildegards, half ebenfalls. *Als ich nun zu schreiben begann und […] die Gabe tiefsinniger Schriftauslegung in mir wirksam fühlte, kam ich wieder zu Kräften und stand von meiner Krankheit auf. Nur mit Mühe brachte ich in zehn Jahren dieses Werk zustande und vollendete es.*[60]

«Ein Einfältiger Mensch, das ist die Überschrift, mit der Hildegard ihre großen Werke zeichnet. Ihren Namen verschweigt sie nach mittelalterlichem und monastischem Brauch.»[61] Das Wort «einfältig» hat für uns heute eine wesentlich andere Bedeutung als im Mittelalter, wo es schlicht für «einfach» stand. Sie nannte sich auch öfter *indocta (ungelehrt)*, denn Hildegard machte keinen Anspruch auf Gelehrsamkeit. Sie hatte jedoch eine Gabe für die geordnete, kritische Auseinandersetzung mit einem Gegenstand, und sie besaß ein subtiles Einfühlungsvermögen in die dichterische Verwendung komplizierter Bildkonfigurationen, in den Gebrauch von Allegorie, Symbol, Metapher, Paradigma und Lehre. Ihre Auslegungen sind originell und spontan, eben weil sie sich nicht auf Gelehrsamkeit stützen. Hildegard verstand sich als Prophetin und als Schriftstellerin[62], und die Auslegung des Worts machte sie zur «einflußreichsten Frau ihres Jahrhunderts»[63].

Für Hildegard begann nun eine Zeit der Selbstentfaltung, aber es kamen auch Jahre bitterer Konflikte innerhalb und außerhalb der Kirche. Diese begannen mit ihrer wachsenden Anerkennung als Seherin und mit dem Anfang ihrer Bestrebungen 1147/48, ihre Klause vom Disibodenberg zu trennen und auf dem Rupertsberg mit ihren Nonnen ein neues Kloster zu gründen. Sie war dafür nicht ungerüstet, denn sie besaß drei in der mittelalterlichen Gesellschaft wichtige Voraussetzungen: Adel der Geburt, Reichtum und vielfältige Beziehungen zu den Einflußreichen in Staat und Kirche.

Kirchliche Anerkennung und Selbständigkeit

Das besondere Verdienst von Marianna Schrader ist es[64], Hildegards Herkunft erstmals kritisch erforscht und jahrhundertealte Mutmaßungen über ihre Geburt und Familie berichtigt zu haben. Durch Schraders Erkenntnisse wird die Vielfalt der familiären und ökonomischen Beziehungen deutlich, die Hildegards sicheres Auftreten innerhalb einer streng ständisch-hierarchisch gegliederten Gesellschaft erklären. Sie ergänzen die minimalen biographischen Angaben, die von Hildegards Zeitgenossen, den Mönchen Gottfried und Dietrich gemacht wurden.[65]

Die Familien Hildeberts von Bermersheim und seiner Frau Mechthild gehörten dem hohen Adel an. Von Hildegards Geschwistern sind ihre Brüder Drutwin, Hugo und Rorich urkundlich belegt. Hugo war als Domkantor an der Mainzer Kathedrale einer der drei höchsten Würdenträger dort und fungierte als Erzieher des späteren Bischofs Radulf von Lüttich. Rorich war Priester und Kanonikus in Tholey an der Saar. Von den vier namentlich bekannten Schwestern Hildegards wurde Clementia Nonne in dem von Hildegard gegründeten Kloster auf dem Rupertsberg. Ihre Schwestern Irmengard, Odilia und Jutta werden in Schenkungsurkunden und Grundstücksübertragungen an das Kloster ebenfalls urkundlich genannt. Von diesen war eine offenbar die Mutter des späteren Erzbischofs Arnold I. von Trier (1169–1184) und von Wezelin, dessen Bruder, später Propst von St. Andreas in Köln. Sie werden als Hildegards Neffen bezeichnet. Arnold war der Sohn Wirichs von Walecourt, der aus Lothringen stammte. Auch dieser Zweig der Familie gehörte dem hohen Adel an. Ein Großneffe Hildegards namens Gilbert übernahm nach Arnold und Wezelin das Amt des «praepositus» an Sankt Andreas. Der Einfluß ihrer Familie trug entscheidend dazu bei, daß Hildegards Vorhaben so vielfältige Unterstützung erfuhren und erklärt auch ihren freimütigen Ton im persönlichen und brieflichen Verkehr mit Vorgesetzten.

Um 1147 war der *Scivias* bereits so weit fortgeschritten, daß die kirchliche Anerkennung des Buches von Wichtigkeit wurde. Inzwischen hatte sich auch ihre Sehergabe herumgesprochen, und das Kloster auf dem Disibodenberg erfreute sich eines von Abt Kuno gerngesehenen Ruhms. Der älteste Brief Hildegards stammt aus dem Jahr 1147 und ist an den berühmten Abt Bernhard von Clairvaux gerichtet. Bernhard, dem «ungekrönten Papst»[66] und Vertrauten Papst Eugens III., berichtet sie von ihren Visionen und bittet um Rat, ob sie diese *offen sagen oder Schweigen bewahren soll*[67]. Das Datum des Briefes könnte mit der Synode vom 30. November 1147 bis Februar 1148 in Trier zusammenhängen, auf der Papst Eugen III. zugegen war. Erzbischof Heinrich von Mainz, von Abt Kuno darum gebeten, legte dem Papst Hildegards noch nicht beendeten *Scivias* vor, worauf Papst Eugen den Kardinälen und Bischöfen daraus vorlas. Beglückt schrieb Hildegard: *Hierauf wurden meine Schriften Papst Eugen gebracht, als er in Trier war. Mit Freuden ließ er sie vor einer großen Versammlung vorlesen und las sie auch für sich selbst. Und in starkem Vertrauen auf die Gnade Gottes sandte er mir seinen Segen mit einem Schreiben, worin er mir gebot, das, was ich in der Schau sah und hörte, genau niederzuschreiben.*[68] Eine zum Disibodenberg abgesandte Kommission brachte befriedigende Auskunft über Hildegards Person und Sehergabe. Auch Bernhard von Clairvaux befand sich unter den Prälaten in Trier und nahm nun öffentlich Stellung für sie. «Er ergriff das Wort», berichtet die *Vita*, «und ermahnte unter dem Beifall aller den Papst, er möge nicht dulden, daß ein solch hellstrahlendes Licht von Schweigen überdeckt würde; er solle vielmehr eine solche Begnadung, die der Herr in seiner Zeit offenbaren wolle, durch seine Autorität bestätigen.»[69] Dies geschah. Papst Eugen erteilte Hildegard im Namen Christi die Erlaubnis, ihre Visionen öffentlich mitzuteilen und aufzuschreiben. Abt Kuno erhielt vom Papst ein Glückwunschschreiben.[70]

Diese päpstliche Zustimmung kann kaum hoch genug eingeschätzt werden, weil sie den göttlichen Ursprung von Hildegards Sehergabe beglaubigte, sie von der Schweigepflicht entband[71], jeden Verdacht ihrer geistigen oder moralischen Unzulänglichkeit entkräftete und ihr erlaubte, im Namen Gottes ungehindert die Mißstände innerhalb der Kirche anzuprangern. Von diesem Recht machte sie häufig Gebrauch. Die päpstliche Beglaubigung brachte auch Ruhm und Ehre für das Kloster und zog damit begüterte Töchter aus guter Familie an. In der *Vita* heißt es, Hildegard verbreitete «den lieblichen Geruch eines so heiligen Rufes um sich, daß er weit und breit umherduftete. Nicht wenige Töchter edler Eltern strömten um sie her zusammen, um in einem Ordensvereine nach Regeln sich zu verbinden. Die eine abgeschlossene Wohnstätte faßte Alle nur mit Noth.»[72] Über eine Erweiterung der Räumlichkeiten wurde beraten.

Um die Zeit der Synode zu Trier und ihrer Anerkennung durch Papst Eugen hatte Hildegard eine Vision, in der sie aufgefordert wurde, mit ihren Nonnen das Mönchskloster Disibodenberg zu verlassen und ein Kloster auf dem Rupertsberg gegenüber von Bingen zu gründen. Hildegards Wunsch nach vollständiger Unabhängigkeit vom Kloster Disibodenberg stieß auf heftigen Widerstand bei Abt Kuno und den Mönchen und verursachte ausgedehnte Konflikte. In einem autobiographischen Einschub der *Vita* schreibt Hildegard: *Als aber mein Abt und die Brüder sowie das Volk jener Gegend von diesem Ortswechsel und seiner Bedeutung erfuhren – daß wir von fruchtbaren Feldern und Weinbergen und einer lieblichen Gegend weg in ein wasserloses Gebiet ziehen wollten –, wunderten sie sich sehr. Damit dies nicht zustandekomme, verschworen sie sich, uns Widerstand entgegenzusetzen. Von mir behaupteten sie, ich habe mich durch ein Trugbild täuschen lassen.*[73] Nicht nur, daß dem Kloster die Früchte der neugewonnenen Anerkennung Hildegards entgehen sollten; für den Disibodenberg waren beträchtliche finanzielle Verluste zu erwarten. Auch mehrere ihrer Nonnen weigerten sich, die komfortablen, wenngleich engen Verhältnisse der Klause mit den Entbehrungen eines ungesicherten Lebens ohne Unterstützung zu vertauschen, wo sie als Wohnstätte nichts als die Ruine einer karolingischen Kapelle erwartete. Viele waren skeptisch, weil das betreffende Grundstück Graf Bernhard von Hildesheim gehörte, dessen Einverständnis zur Ansiedlung der Nonnen unbedingt nötig war.

Über Hildegards Reaktion auf diese Widerstände berichtet die *Vita*: «Die Füße versagten vollständig ihren Dienst, und sie konnte überhaupt nicht von ihrem Bett, in dem sie wie ein Felsblock lag, bewegt werden […]. An dieser Art Krankheit litt sie nicht nur damals, sondern immer wenn sie aus weiblicher Furcht zögerte oder zweifelte, den Auftrag des göttlichen Willens auszuführen.»[74]

Eine Lösung des Problems schien unmöglich, bis die Mutter der Nonne Richardis von Stade, die Hildegard bei der Niederschrift des *Scivias* half, entscheidend eingriff: *Da ging eine uns bekannte vornehme Markgräfin zum Erzbischof von Mainz und teilte ihm und anderen klugen Männern dies alles mit,* schreibt Hildegard. *Sie sagten, jeder Ort werde einzig und allein durch gute Werke geheiligt […]. Also sind wir mit der Erlaubnis des Erzbischofs mit dem großen Gefolge unserer Verwandten und anderer Leute in Ehrfurcht vor Gott an diese unsere Stätte gekommen.*[75] Dieser kurze Einschub Hildegards in die *Vita* läßt den ungeheuren Einfluß erkennen, den ihre Familie und ihre Beziehungen hatten. Die Markgräfin, eine geborene von Spanheim-Lavanttal, war eine Verwandte Juttas von Spanheim, für die die Klause am Disibodenberg ursprünglich erbaut worden war. Hartwig, ein Sohn der Markgräfin, war ab 1143 Dompropst in Bremen und ab 1148 Erzbischof dieser Diözese. Führkötter gibt in ihrer Ausgabe des Briefwechsels detaillierte Angaben und erläutert: «Als Abt Kuno vom Disibodenberg sich ihrer [Hildegards] geplanten Neugründung auf dem Rupertsberg widersetzte, begab sich die Markgräfin zu Erzbischof Heinrich von Mainz und veranlaßte ihn, den Widerstand des Abtes zu brechen und ihn für die Neugründung zu gewinnen.»[76] Abt Kuno sah ein, daß er den Willen Gottes falsch ausgelegt hatte, und gab seine Zustimmung zur Übersiedlung. Die *Vita* berichtet, daß «durch eine Gesandtschaft treuer Leute» ein Übereinkommen bezüglich des dortigen Grundbesitzes getroffen wurde. Hildegard erhielt «für sich und ihre Schwestern die Erlaubnis, dort zu wohnen»[77]. Obwohl einige Vorbereitungen zur Aufnahme der Nonnen getroffen worden waren, war die Wirklichkeit auf dem Rupertsberg ernüchternd. Sie schreibt: *Ich nahm nun mit zwanzig adligen Nonnen, die von reichen Eltern stammten, an dieser Stätte meinen Aufenthalt. Dort fanden wir keinerlei Wohnung noch Bewohner, mit Ausnahme eines alten Mannes, seiner Frau und seinen Kindern. So große Widerwärtigkeit, Trübsal und Arbeitslast überfielen mich, wie wenn eine Sturmwolke die Sonne verdeckt […] es fehlte uns, soweit man es uns nicht mit Gottes Gnade durch Almosen schenkte, am Lebensnotwendigen. Wie die Kinder Israels dem Moses das Herz schwermachten, so schüttelten nämlich auch jetzt die Menschen über mich den Kopf und sprachen: «Was nützt es, daß adlige und reiche Nonnen von dem Ort, wo es ihnen an nichts gefehlt hat, wegziehen zu einer Stätte solchen Mangels?» Wir aber hofften, die Gnade Gottes, der uns diesen Ort gezeigt hatte, werde uns beistehen.*[78]

Auf dem Rupertsberg

Die Übersiedlung fand 1150 statt. Die fünfziger Jahre sind für Hildegard durch rastlose Tätigkeit geprägt, die die Fertigstellung von *Scivias* (1151), die Aufsicht über die Bauarbeiten am neuen Kloster und die rechtliche Absicherung des Rupertsberger Klosters umfaßte, das außer vom Mainzer Erzbischof von niemandem abhängig sein sollte. Außerdem fällt in dieses Jahrzehnt die Abfassung von natur- und heilkundlichen Schriften (*Physica* und *Causae et curae*), der Beginn des *Liber vitae meritorum* und viele kleinere Arbeiten zur Belehrung und Erbauung ihrer Nonnen. Die Liturgie bereicherte sie durch ihre Liedschöpfungen, später in der *Symphonia* zusammengefaßt. Wahrscheinlich sind auch die Endfassung des Musikdramas *Ordo virtutum* und der Entwurf der Geheimsprache *Lingua ignota* in dieser Zeitspanne anzusetzen. Bau und Buch, diese beiden Symbole ihrer schöpferischen Tätigkeit, beherrschen ihren Willen und ihr Streben. Am 1. Mai 1152 weihte Erzbischof Heinrich von Mainz die vollendete Rupertsberger Klosterkirche und unterstützte Hildegards Kloster gleichzeitig durch Schenkungen.[79] Als Wibert von Gembloux im Jahre 1177 als neuer Sekretär Hildegards auf dem Rupertsberg ankam, konnte er seine Begeisterung kaum zügeln: Dieses «nicht etwa von einem Kaiser oder Bischof, einem Mächtigen oder Reichen dieser Erde, sondern von einer armen, zugezogenen, schwachen Frau» gegründete Kloster hatte sich in einen stattlichen, geräumigen Gebäudekomplex verwandelt, der geeignete Räume für die Schreibtätigkeit der Nonnen bot, die unter anderem auch Hildegards Werke kopierten. Eine unglaubliche Neuerung beeindruckte ihn besonders: Man hatte «in sämtliche Arbeitsräume eine Wasserleitung gelegt [...]. Nicht nur für die vielen Gäste, die dem Hause Gottes niemals fehlen, und die verschiedenen Angestellten, deren es eine ganze Anzahl gibt, sondern auch für die rund fünfzig Schwestern sind alle Ausgaben für Kleidung und Nahrung zur Genüge gedeckt.»[80]

So sah das Kloster 27 Jahre später aus, bei der Übersiedlung jedoch schienen die Schwierigkeiten vielen unüberwindlich und die Entbehrungen unerträglich. Hildegard wollte die beim Eintritt der Nonnen in die Disibodenberger Klause gemachten Schenkungen auf Kloster Rupertsberg übertragen sehen. Die Disibodenberger dagegen wollten ihr den so nötigen Propst und Sekretär Volmar entziehen. Sie ritt zum Disibodenberg, um die Rechtsansprüche ihres Klosters geltend zu machen. Abt Kuno und die Mönche widersetzten sich ihren Forderungen. Es kam zu Spannungen innerhalb des Frauenkonvents, und manche wollten ohne Hildegards Zustimmung das neue Kloster verlassen. In einem Brief an ihre Nonnen berichtet Hildegard über ihre Verhandlungen mit Abt

der dar zů ried / ward er bald wid' gesunt / welcher gna-
den er dañ nachmalß ingedenck blib / vnd was ein trew
er mithelffer zu dem closter das man für die schwestern
bauwet vff sant Ruprechts berg. Er reüttet auß die
weingärten mit eygen henden / vnd halff den platz zube
reyten dohin man das closter solt bawen.

Wie sanct Hildegard das closter vff sant Ruprechts berg bawt / die baum vnd weingärten außreüten ließ / vnd sie dobey in irem bett kranck lag.

Hildegard auf dem Krankenlager und Bau des Klosters Rupertsberg.
Holzschnitt aus «Die Legend des heyligen herzogen sant Ruprechts / bey Byngen uff sant Ruprechtsberg leyplich rastende. Die Legend von der seligen jungfrawen sant Hildegard der Christlichen Sibilla und offenbarerin der heymlichen wunderwerck gotes / die Aptißin uff sant Ruprechtsbergk gewessen ist» von Jacob Köbel, 1524

Kuno und endet mit den Worten: *Wollte daher jemand in die Schar meiner Töchter Zwietracht säen oder ein Verlassen dieser Wohnstätte und geistlichen Zucht herbeiführen, so möge die Gabe des Heiligen Geistes das aus seinem Herzen vertreiben. Sollte er, Gott verachtend, dennoch so handeln, so möge die Hand des Herrn ihn vor allem Volke schlagen, weil er verdient hat, zuschanden zu werden.*[81]

Einen seltenen Einblick in Hildegards Gefühle geben die Vorfälle um die Nonne Richardis von Stade. Die einflußreiche Markgräfin Richardis von Stade, deren Familie langjährige freundschaftliche Verbindungen mit jener Hildegards verband, hatte ihre Tochter Richardis und ihre Enkelin Adelheid in Hildegards Kloster gegeben und sich auch erfolgreich für die Gründung des Rupertsberger Klosters eingesetzt. Diese «Stätte des Mangels» schien ihr jedoch unzureichend als Aufenthalt für die beiden adeligen Nonnen. Adelheid, die noch im Kindesalter zu Hildegard gekommen war, wurde am 15. Juli 1151 zur Äbtissin des berühmten Stifts Gandersheim gewählt und zog mit Hildegards Erlaubnis zu ihrer neuen Wirkungsstätte. Etwa zur gleichen Zeit wurde Hildegards Lieblingsnonne Richardis von Stade auf Veranlassung von deren Bruder Hartwig, der das Amt des Erzbischofs von Bremen innehatte, zur Äbtissin des südlich von Bremen gelegenen Frauenstifts Bassum gewählt. Hildegard weigerte sich, Richardis, die sie hoch schätzte, ziehen zu lassen. Zwar war das Buch *Scivias* abgeschlossen, aber Hildegard hatte dieser Nonne ihr ganzes Herz in mütterlicher Liebe geschenkt. Angefeindet und verlassen an einem Ort, wo viele verzweifelten, fühlte sie sich von der Freundin betrogen, die das Amt annehmen wollte. An Richardis' Mutter, die Markgräfin von Stade, schrieb sie: *Ich beschwöre und ermahne dich: bringe meine Seele nicht derart in Aufruhr, daß du meinen Augen bittere Tränen entlockst und mein Herz mit grausamen Wunden verletzest wegen meiner vielgeliebten Töchter Richardis und Adelheid […]. Denn die Äbtissinnenwürde, die du [für sie] begehrst, ist sicher, sicher, ja sicher nicht von Gott, noch ist sie zum Heil ihrer Seelen.*[82] Richardis klagte sie: *Weh mir Mutter, weh mir Tochter! Warum hast du mich wie eine Waise zurückgelassen? Ich habe den Adel deiner Sitten geliebt, deine Weisheit und deine Keuschheit, deine Seele und dein ganzes Leben, so daß viele sagten: «Was tust du?» Nun sollen alle mit mir klagen, die Schmerz leiden gleich meinem Schmerz; die aus Gottes Liebe in ihrem Herzen und Gemüt Liebe zu einem Menschen trugen, wie ich sie zu dir gehabt – einem Menschen, der ihnen in einem Augenblick entrissen wird, so wie du mir entrissen worden bist.*[83]

Hildegard hat hartnäckig um Richardis' Verbleib im Kloster Rupertsberg gekämpft und verloren. Als sie Richardis die Erlaubnis zum Weggang nicht erteilte, erschien eine Kommission aus dem Norden bei Hildegards Erzbischof Heinrich von Mainz mit der Bitte, den Wunsch von

Richardis zu unterstützen. Heinrich schrieb Hildegard: «Dementsprechend gebieten wir kraft der Autorität unseres Vorsteheramtes und unserer Vaterschaft, ja wir legen es dir befehlend auf, daß du sie den gegenwärtig Bittenden und Verlangenden für das Vorsteheramt überlässest [...]. Wenn nicht, so werden wir es erneut, und zwar noch schärfer, befehlen und nicht davon ablassen, bis du unser diesbezügliches Gebot durch die Tat erfüllt hast.»[84] Danach appellierte Hildegard an Erzbischof Hartwig von Bremen: *Darum bitte ich dich [...]. Sende meine geliebte Tochter zu mir zurück! [...] Höre auf mich: Verwirf meine Worte nicht, wie deine Mutter und deine Schwester und Graf Hermann sie verworfen haben.*[85] Endlich wandte sie sich an Papst Eugen III. Dieser antwortete ihr: «Was deine an uns gerichtete Bitte betrifft, so haben wir unserm verehrungswürdigen Bruder, dem Erzbischof Heinrich von Mainz, die Weisung gegeben: Entweder soll die Regel von jener Schwester, die du ihm überlassen hast, an dem ihr übertragenen Ort streng beobachtet werden, oder er schicke sie unter die Leitung deiner Zucht zurück.»[86] Richardis hatte sich, so ihr Bruder Hartwig, inzwischen entschlossen, in ihr Heimatkloster zurückzukehren. Bevor sie diesen Plan jedoch verwirklichen konnte, erkrankte sie schwer und starb am 29. Oktober 1152, nur wenige Monate nach ihrer Ankunft in Bassum. Ihre Mutter, die Markgräfin Richardis von Stade, war schon 1151 gestorben.

Die Unabhängigkeit des Rupertsberger Klosters

Als Hildegard zum Disibodenberg kam, um die güterrechtlichen und geistlichen Beziehungen zwischen den Klöstern zu regeln, wurde sie unfreundlich empfangen. Ein Brief an Abt Kuno beklagt dies: *O Vater – der Würde nach! Wie gern sagte ich: Vater in der Tat! Ich kam an jene Stätte, wo Gott dir den Stab seiner Stellvertretung gegeben hat. Einige aus der Schar deiner Brüder tobten wider mich wie gegen einen finsteren Vogel und ein schreckliches Untier. Und sie spannten ihre Bogen gegen mich, damit ich vor ihnen fliehe. [...] in beklagenswertem Verdruß hast du mich aufgenommen!*[87] Nach Abt Kunos Tod (1155) wurden unter der Leitung seines Nachfolgers, Abt Helenger, die Verhandlungen wiederaufgenommen, um die rechtliche Stellung der Klöster zueinander zu klären. Die Rechtszugehörigkeit der für die Nonnen bereits dem Disibodenberg übertragenen Schenkungen, die Zugehörigkeit ihrer künftigen Einnahmen und die Abgaben an das Mönchskloster mußten geregelt werden. Dabei handelte es sich um bedeutende Vermögenswerte.

Gottfrieds *Vita* bestätigt, daß Hildegards Eltern «mit äußerlichen Gü-

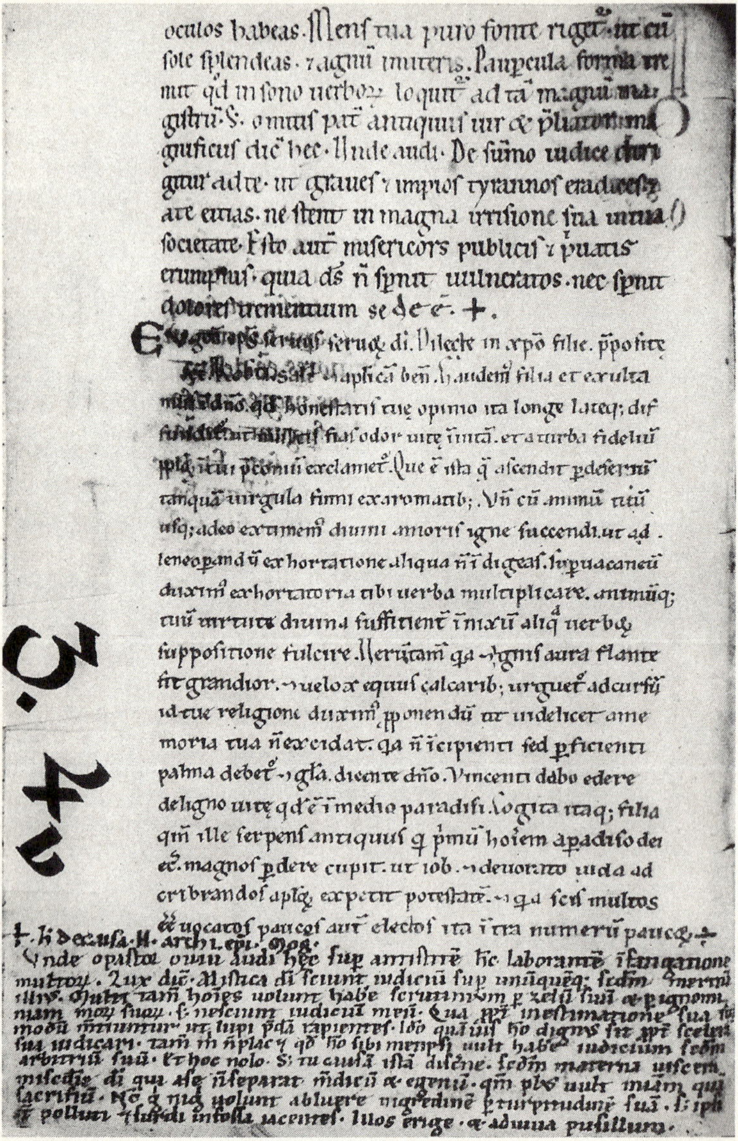

Schlußteil eines Briefes Hildegards an Papst Eugen III., Rupertsberg und Zwiefalten. Stuttgart, Württembergische Landesbibliothek, Cod. theol. et phil. 4° 253, f. 34v

tern sehr gesegnet» waren.[88] Die Kirche empfing nicht nur mindestens vier ihrer Kinder, sondern auch den Großteil ihrer Besitzungen. Auf diesen Umstand stützte Hildegard ihre Ansprüche. Die Bermersheimer Güter gingen in verschiedenen Etappen in Kirchenbesitz über. Bei Hildegards Aufnahme in die Klause auf dem Disibodenberg wurde ihr, wie üblich, eine «Mitgift» von den Eltern gegeben. Von den anderen Nonnen der Klause, Töchtern adeliger und begüterter Eltern, erhielt der Disibodenberg ähnliche Schenkungen. Wie die *Vita* berichtet, überließ sie den Mönchen «den größten Teil ihrer Besitzungen, die ihr und den Schwestern bei der Aufnahme übergeben worden waren, und noch dazu eine nicht geringe Geldsumme, damit es keinen berechtigten Anlaß zur Klage mehr geben könne»[89] beziehungsweise damit «die Kirche des heiligen Disibodus sich über die Ländereien des heiligen Rupert keine Gewalt anmaßen möge»[90].

Marianna Schrader hat Genaueres über diese Vermögensverhältnisse erforscht. Das Fundationsbuch des neuen Rupertsberger Klosters verzeichnet mehrere Güterschenkungen aus Hildegards Familie: «In Bermersheim schenkten Hugo und seine Brüder Rorich und Drutwin unseren Nonnen ein Hofgut mit Gebäuden und neben diesem vier andere einfache Gehöfte.»[91] Die Aufzählung der einzelnen Schenkungen nimmt die nächsten drei Seiten in Anspruch, wo auch Hildegards Schwestern namentlich verzeichnet sind: «Hinter den Weingärten ein brachliegendes Grundstück, das ihm als ungeteilter Gemeinschaftsbesitz mit noch anderen zu eigen ist, nämlich mit Irmengard, Odilia und Judda.»[92] Hildegards Bruder Rorich überließ dem Kloster ebenfalls zwei ihm persönlich gehörende Güter in Bermersheim, und «an demselben Orte wurde für unsere Schwester Clementia ein Hofgut übereignet»[93]. Das Rupertsberger Kloster besaß damit seit seiner Gründung «die Ortsherrschaft über Bermersheim»[94]. Da die Familie in der männlichen Linie keine weiteren Erben besaß, die Brüder aber bereits älter als 60 Jahre waren, schien die Übergabe des Stammsitzes an Hildegards Kloster einleuchtend. Diese Schenkungen und die der neu eintretenden Nonnen waren nicht die einzigen, die Hildegards Kloster finanziell absicherten. Auch Erzbischof Heinrich von Mainz, der Hildegards Fürsprecher beim Papst gewesen war und die Rupertsberger Klosterkirche am 1. Mai 1152 eingeweiht hatte, und Pfalzgraf Hermann von Stahleck unterstützten unter anderen das neue Kloster mit Schenkungen.[95]

Nachdem Friedrich Barbarossa 1153 Heinrichs Absetzung bewirkt hatte, wurde Arnold I. Erzbischof von Mainz. Hildegards «juristischem Scharfsinn und umfassendem Weitblick»[96] ist es zuzuschreiben, daß sie nach Übereinkunft mit Abt Helenger die rechtliche Absicherung ihres neugegründeten Klosters urkundlich festlegen ließ. Erzbischof Arnold I.

Ruine des 1632 durch Feuer zerstörten Klosters Rupertsberg an der Mündung der Nahe in den Rhein. Vorn die Ruine der Nikolaus-Kapelle, im Hintergrund links die Drususbrücke. Beim Bau der Rhein-Nahe-Bahn wurde 1858 die Klosterruine abgetragen, hundert Jahre später die der Nikolaus-Kapelle. Sepiazeichnung, Ende des 18. Jahrhunderts

von Mainz stellte dem Rupertsberger Kloster am 22. Mai 1158 zwei Urkunden aus, die die weiteren geistlichen und materiellen Beziehungen zwischen den beiden Klöstern regelten.[97] Hildegard erhielt durch Eintausch der Stiftsgüter vom Disibodenberg die finanzielle Unabhängigkeit für den Rupertsberg, ohne weitere Leistungen an das Mönchskloster. Das Kloster wurde «nur der Schutzherrschaft der Mainzer Kirche unterstellt», damit sich nicht «mit einem Vogt aus dem Laienstand» ein «Wolf in den Schafstall» einschliche.[98] Es wurde den Nonnen die freie Äbtissinnenwahl bewilligt. Dagegen war das Mönchskloster verpflichtet, den von den Nonnen gewählten Mönch als Propst zu stellen. Die *Vita* berichtet: «Dieß Alles ward nicht nur mit Genehmigung, sondern auch durch Beschluß der ehrwürdigen Erzbischöfe Heinrich und Arnold von Mainz eingerichtet, und auch durch schriftliche von ihnen ausgestellte Urkunden unter Zustimmung der Äbte festgesetzt und bekräftigt.»[99] Die schriftliche Beglaubigung dieses Übereinkommens war in jener Zeit blutiger Unruhen besonders wichtig, denn Hildegard wußte von der schrecklichen Fehde zwischen Erzbischof Arnold und Pfalzgraf Hermann von Stahleck und warnte den Erzbischof brieflich: *Richte dich also zu Gott empor, denn deine Zeit kommt schnell.* Erzbischof Arnold I. wurde am 24. Juni 1160 vor der Mainzer Klosterkirche St. Jakob ermordet.[100]

Reisen und Predigten

Die Verhandlungen waren nicht reibungslos abgelaufen. *Wie Joseph von seinen Brüdern beneidet wurde, weil er von seinem Vater mehr geliebt wurde, wie sie ihn verkauften, seinen zerrissenen Rock dem Vater heimbrachten und sagten, ein wildes Tier habe ihn zerrissen, so wollten auch einige Übelgesinnte uns das Gewand der Gnade und des Gotteslobes zerreißen. Aber Gott half uns und brachte uns – wie Joseph – wieder zu Ehren.*[101] In die Zeit zwischen 1158 und 1162 ist eine Erkrankung Hildegards anzusetzen, bei der sie einen Monat lang an derart schweren Fiebern, Atemnot und Erschöpfung litt, daß man ihren Tod erwartete; *meine geistlichen Obern und Töchter und andre Nächststehende* kamen *mit großen Klagen […], um meinen Tod mit anzusehen*[102]. Obwohl sie nach der Krisis noch drei Jahre lang an Beeinträchtigungen ihrer Gesundheit litt, wird angenommen, daß ihre Mainfahrt, die erste Predigtreise mit Aufenthalten in Mainz, Wertheim, Kitzingen, Ebrach und Bamberg, in die Zeit nach 1158 fällt. Für die vier größeren Predigtreisen Hildegards finden sich in der Sekundärliteratur des 19. Jahrhunderts zwar Zeit- und Ortsangaben, viele davon sind allerdings nicht durch Quellen belegbar. In den folgenden Schilderungen ihrer Reisen mischt sich also historisch Verbürgtes mit Mutmaßung. Hildegards Ruf als Seherin, der schon in ganz Europa verbreitet war, brachte sie mit Päpsten und Bischöfen, Kaisern, Königen und Gelehrten in briefliche Verbindung.[103] Von vielen um Rat und Hilfe gebeten, predigte sie jetzt wohl auch öffentlich in Kirchen und auf freien Plätzen vor Klerus und Volk. Das allein ist ein bis in unsere Jahre unerhörtes Geschehnis für eine Frau in der katholischen Kirche.

Ihre ausgeprägte Feinfühligkeit kommt in der Behandlung der Pfalzgräfin Gertrud von Stahleck zum Ausdruck, die sie auf der letzten Station ihrer Mainfahrt in Bamberg traf. Gertrud war die Schwester König Konrads III. und Herzog Friedrichs II. von Schwaben sowie eine Tante Friedrich Barbarossas, mit dem Hildegard Briefe wechselte. Sie hatte Pfalzgraf Hermann von Stahleck geheiratet und außerdem «ihrer Freundschaft mit Hildegard durch reiche Schenkungen an das Rupertsberger Kloster Ausdruck» gegeben.[104] Hildegard war ihr zu Dank verpflichtet. Pfalzgraf Hermann war jedoch in blutige Machtkämpfe mit Hildegards Schutzherrn, Erzbischof Arnold I. von Mainz, verwickelt gewesen, der auf Betreiben Friedrich Barbarossas nach der Absetzung Erzbischofs Heinrichs 1153 dessen Nachfolger geworden war. «Da Erzbischof Arnold die unter seinem Vorgänger verlorene Macht wiederzugewinnen und zu festigen suchte, geriet er in Fehde mit dem Pfalzgrafen Hermann von Stahleck und anderen Adligen, die während seiner Abwesenheit in das Erzstift eindrangen, Kirchen plünderten, Burgen zerstörten und Höfe verwüsteten. Barbarossa [...] legte dem Pfalzgrafen Hermann und seinen Anhängern die schmachvolle Strafe des Hundetragens, der sogenannten Harnescharre, auf, während er den Erzbischof [...] nicht verurteilte.»[105] Pfalzgraf Hermann starb 1156, der Erzbischof wurde im Lauf dieser Zwistigkeiten 1160 ermordet.

Als sich die kinderlose Witwe Gertrud entschloß, ihre Tage im Kloster zu beenden, wäre der bereits beschenkte Rupertsberg ein Ort ihrer Wahl gewesen, hätte er sich nicht in der Diözese Erzbischof Arnolds befunden. Gertrud trat statt dessen in das Zisterzienserinnenkloster Wechterswinkel in der Diözese Würzburg ein. Die Wahl erwies sich als schlecht, und Gertrud wandte sich an Hildegard um Hilfe. Hildegard lenkt ab: *Was du in bezug auf jene Stätte fragst, wo deine Bleibe sein soll [...], das hat Gott mir nicht gezeigt. Doch habe ich folgende Worte im Lichte gehört: [...] erwählt euch eine Wohnstätte, wie sie euren Bedürfnissen entspricht, nicht aber eine solche, die ein unvereinbares Gemisch von Geistlichem und Weltlichem darstellt [...]. Denn der findet Gott allerorts, der Ihn mit aufrichtigem Rufen sucht.*[106] Nach dieser Absage wandte sich Hildegard jedoch brieflich an Bischof Eberhard von Bamberg und bat ihn um Hilfe für Gertrud. In bilderreicher Sprache erklärt sie, daß Gertrud einst reich gewesen sei, ihren Reichtum aber der Kirche geschenkt und sich nun sozusagen obdachlos finde: *Jetzt, Vater, schau auf deine heimatlose Tochter Gertrud, die, gleich Abraham herausgerufen aus ihrem Land, die Heimat verließ. Denn sie gab alles Ihrige hin und kaufte die Perle. Jetzt ist ihr Gemüt in großer Bedrängnis, gepreßt wie eine Traube in der Kelter. Hilf ihr also, soviel du kannst.*[107] Bischof Eberhard überwies noch 1157 ein dem Domstift gehörendes Spital an die Edelfrau Gertrud und gründete damit das Nonnenkloster Sankt Theodor und Sankt Maria in Bamberg für sie und die anderen Nonnen, die aus Wechterswinkel in die Neugründung in Bamberg übersiedelten. «1158 erneuerte und bestätigte Gertrud in Würzburg die reichen Schenkungen, die ihr Gemahl und sie dem Rupertsberger Kloster gemacht hatten, und zwar in Gegenwart des Erzbischofs Arnold von Mainz, des Bischofs Eberhard von Bamberg und vieler anderer Adliger.»[108] Hildegard besuchte Gertrud in ihrem neuen Wirkungskreis in Bamberg.

Eine zweite Reise führte sie 1160 nach Trier, wo sie am Pfingstfest öffentlich gegen die Verweltlichung des Klerus predigte. In Metz machte sie ebenfalls Station und hielt eine Rede. Herzog Matthäus von Lothringen, der Schwager Kaiser Friedrich Barbarossas, stand mit dem Bischof von Metz in heftiger Fehde und war von Papst Eugen mehrmals mit dem Kirchenbann belegt worden. In einem Brief erklärt Hildegard als Sprachrohr Gottes dem Herzog seine Lebensaufgabe: *Du bist Herzog, herzuziehen vor dem Volke wie der Führer, der Mein Volk Israel regiert. Wenn du aber mit dem Volke kein Erbarmen hast […], wenn du dieses Volk nicht im Bade wäschest, um es zu heilen, ziehst du nicht vor ihm her, sondern führst es in die Fremde des Elends. Du bist ein Berg zum Segnen der Kinder und nicht zur Züchtigung des dienenden Knechtes.*[109] Schließlich besuchte sie auf dieser Reise noch das Benediktinerinnenkloster Krauftal in der Diözese Straßburg, wo offensichtlich Ordnung und Disziplin fehlten. Nach dem Besuch schrieb ihr Äbtissin Hazzecha und dankt Hildegard, daß sie ihr «über den damaligen Sturm hinweggeholfen» habe. Gleichzeitig bekennt sie, daß sich nicht viel geändert habe und bittet um Rat. Hildegard antwortet: *Du hast Augen, damit du sehen und ringsum alles überschauen kannst. Wo du Schmutz siehst, wasche ihn ab, was dürr ist, laß grün werden, und sorge, daß deine Gewürze schmackhaft sind. Wenn du keine Augen hättest, könntest du dich entschuldigen. Nun aber hast du Augen. Warum schaust du nicht um dich, sondern hältst lange Reden in deinem Denken? Häufig urteilst du über andere in Dingen, in denen du selbst nicht beurteilt werden möchtest.*[110] Auch an die Schwestern richtet Hildegard einen langen Brief und bezichtigt sie der Unreinlichkeit, Faulheit und Anmaßung. Dieser Brief ist schon deshalb von Interesse, weil Hildegard ihre darin benutzten Allegorien erklärt, damit sie von den Nonnen verstanden würden. Damit wird auch für uns ihre schwierige Bildsprache verständlicher.

Inzwischen war das zweite Buch ihrer Visionstrilogie, der *Liber vitae meritorum*, fertig geworden, an dem sie von 1158 bis 1162 gearbeitet hatte. Um die Zeit von dessen Abschluß fällt Hildegards dritte Reise, die sie zwischen 1161 und 1163 rheinabwärts über Boppard nach Andernach und Siegburg, über Köln nach Werden an der Ruhr und vielleicht sogar bis Lüttich führte. Ihre öffentliche Predigt vor Klerus und Volk in Köln, in der sie die Bedrohung der Kirche durch die Katharer anspricht, behandelt ein Thema, das ihr besonders am Herzen lag. Diese asketische Sekte predigte eine den Manichäern nahestehende Lehre, die sich von Südfrankreich kommend rheinabwärts verbreitete. Hildegards Predigt ist erhalten, denn der Kölner Domdekan (und spätere Erzbischof) Philipp von Heinsberg erbat sich eine Abschrift von ihr. Der Brief ist «an den Domdekan Philipp und den Klerus von Köln» gerichtet und wird eingeleitet durch die Worte *Der da war und der ist und der kommen wird spricht zu den Hirten der Kirche.* Damit wird betont, daß nicht Hildegard, sondern Gott durch ihre Erkenntnis in der Schau spricht.

Hildegard nimmt wahr, daß Mißstände innerhalb der Kirche zur Anziehungskraft divergierender Lehren beitragen. Deshalb beginnt sie mit der Aufzählung der Schwächen des Klerus. Sie sollten wie die Propheten den *hereinbrechenden Frevel zurechtweisen […] Eure Zungen aber sind*

Hildegard predigt vor Klerus und Volk in Köln. Seitenflügel des Hildegardis-Altars in der Rochuskapelle bei Bingen. Aus der Bildhauerwerkstatt Busch in Steinheim, nach einem Entwurf des Architekten Max Meckel 1895 in Holz geschnitzt

stumm [...]. Ihr seid Nacht, die Finsternis aushaucht, und wie ein Volk, das nicht arbeitet und aus Trägheit nicht im Lichte wandelt. Wie eine nackte Schlange sich in ihre Höhle verkriecht, so begebt ihr euch in den Gestank niedrigen Viehes. [...] was immer euer Fleisch verlangt, das tut ihr. Darum gilt von euch das Wort: «Erhebe endgültig deine Hände gegen ihre stolzen Taten. Wieviel Böses hat der Feind im Heiligtum verübt!» [...] Der Teufel sagt sich bei euch: «Speisen zum Fressen und was ich nur an Schmausereien will, finde ich bei ihnen. Auch meine Augen, meine Ohren, mein Bauch und meine Adern sind von ihrem Geifer erfüllt, und meine Brust ist voll von ihren Lastern». Die zweite Hälfte der Predigt verkündet eine kommende Reformation durch ein *irrendes Volk*, noch schlimmer als die sie jetzt bedrängenden Katharer. Es wird *über euch herfallen, um euch zu stürzen, die ihr die Pflicht verletzt und das Gesetz übertretet. Es wird euch überall verfolgen und eure Werke nicht verbergen. Nein, es wird sie aufdecken und von euch sagen: «Skorpione sind sie in ihren Sitten und Schlangen in ihren Werken.»* Schließlich kommt sie auf die Katharer zu sprechen. *Weshalb haltet ihr solche Leute bei euch auf? Warum duldet ihr die unter euch, die die ganze Erde mit ihren schmutzigen Schändlichkeiten besudeln? Der Trunksucht sind sie ergeben und ausschweifend. Wenn ihr sie nicht ausweist, wird die ganze Kirche zugrunde gehen.* Hildegard prangert an den Katharern ihre Unehrlichkeit und Frauenfeindlichkeit an – letzteres wahrscheinlich ein Grund, warum sie sich wiederholt gegen diese Sekte aussprach. Der Teufel gibt ihnen ein, *daß sie sich der Unzuchtsünden enthalten. Daher lieben sie die Weiber nicht, sondern fliehen sie. So werden sie sich nach außen, vor den Menschen, in aller Heiligkeit darstellen und spöttisch sagen: «[...] Uns aber wagt keine Besudelung des Fleisches und der Begierlichkeit anzutasten, denn wir sind heilig [...].» Auf diese Weise angeln sie sich die Weiber und fangen sie in ihren eigenen Irrtum ein [...]. Und hinterher treiben sie doch insgeheim mit jenen Weibern Wollust. So kommt ihre Verdorbenheit und ihr Sektenwesen offen ans Tageslicht.* Schließlich kommt Hildegard nochmals zurück auf das eigentliche Übel: *[...] ihr seid ein böses Beispiel in den Herzen der Menschen, da das Bächlein guten Rufes von euch nicht ausgeht [...]. Deshalb wird eure Ehre schwinden und die Krone von eurem Haupte fallen [...]. Diese ungläubigen, vom Teufel verführten Menschen werden wie eine Rute sein, um euch zu züchtigen, weil ihr Gott nicht in Lauterkeit anbetet. Und so lange werden sie euch peinigen, bis all eure Bosheiten und Missetaten abgewaschen sind.*[111] Auf Verlangen der Mainzer Prälaten, die von dieser Predigt gehört hatten, verfaßte Hildegard einige Zeit nach 1163 ihre Schrift *De Catharis*. Sie ist frei von Vorwürfen gegen den Klerus, richtet sich gegen die Häresie und die Häretiker und fordert nicht nur die Ablehnung der katharischen Lehre, sondern auch die Vernichtung ihrer Urheber.

Ihre letzte, «schwäbische» Reise machte Hildegard in den Jahren 1170/71 über Kloster Alzey nach Maulbronn, Hirsau, Kirchheim und Zwiefalten. Ein zwischen 1154 und 1170 entstandener Kodex aus Zwiefalten, der sich heute in der Landesbibliothek in Stuttgart befindet, bezeugt die langjährige Verbindung dieses Klosters mit dem Rupertsberg und nimmt eine Schlüsselstellung bei quellenkritischen Untersuchungen ein. Über Hildegards Reisen und Predigten schreibt Führkötter: «Die unerhört kühne Sprache der Prophetin zwingt uns noch heute, nach achthundert Jahren, Staunen und Bewunderung ab. Nie zuvor hatte eine Frau, eine Nonne und Äbtissin, in aller Öffentlichkeit das Wort ergriffen, und auch in den folgenden Jahrhunderten spricht keine Frau in der Weise, wie sie es getan. Hildegards Predigten vor Klerus und Volk in den Städten Köln, Trier, Metz, Würzburg und Bamberg sind ein einmaliges Phänomen in der Geschichte des Abendlandes.»[112]

Die Jahre des Alters

Die Stauferzeit ist in die Geschichte als Blütezeit der mittelalterlichen Kunst, des Minnesangs, der ritterlich-höfischen Adelskultur mit ihren Schlagworten «mâze», êre» und «minne» eingegangen. Gleichzeitig war sie auch eine Epoche blutiger Machtkämpfe zwischen Kaisertum und Kirche und ebenso langer wie blutiger Kreuzzüge zur Bekehrung, Unterwerfung und Ausbeutung der reichen Kulturen am östlichen Mittelmeer.

In dieser politisch schwierigen Zeit gehörte Hildegard als Adelige und als Nonne beiden sich oft befehdenden Mächten an. Und mit beiden, Staat wie Kirche, kam sie im Alter in Konflikt. 1155 war Friedrich I. Barbarossa von Papst Hadrian IV. zum Kaiser gekrönt worden. Hildegard richtete gleich ein Schreiben an ihn, in dem sie ihn zu Gerechtigkeit, Barmherzigkeit und Demut auffordert. Als Friedrich 1159 durch die Anerkennung des Gegenpapstes Victor IV. auch über die Kirche Herrschaftsansprüche geltend zu machen suchte [113], verhielt sich Hildegard zunächst neutral. Sie bangte um die rechtliche Stellung ihres Klosters, die ihr gerade erst von kirchlicher Seite zugestanden worden war. Während des Hoftages war Hildegard in Mainz gewesen und hatte Friedrich um einen Schutzbrief ersucht, der ihr am 18. April 1163 «auf Antrag und Bitte der ehrwürdigen Äbtissin Hildegard» [114] ausgestellt wurde. Er bestätigt die 1158 bereits von kirchlicher Seite festgelegte unabhängige Rechtsstellung des Klosters. Hildegard dankte brieflich und mit Gebeten für den von Friedrich erhofften männlichen Erben. Als Friedrich 1164 und 1168 zwei weitere Gegenpäpste wählen ließ, fühlte sie sich sicher genug, in scharfe Opposition zu Friedrich zu treten. *Ich sehe dich [...] wie ein Kind, einen unsinnig Lebenden vor den lebendigen Augen [...]. Gib acht, daß der höchste König dich nicht zu Boden streckt wegen der Blindheit deiner Augen* [115], schreibt sie ihm. Keinen der drei Gegenpäpste von Barbarossas Gnaden würdigte sie mit einem Brief.

Inzwischen blieb Hildegard auch im Alter und trotz weiterer langwieriger Erkrankungen unermüdlich tätig. 1163 begann die Fünfundsechzigjährige ihr drittes visionäres Werk, den *Liber de Operatione Dei* oder *Liber divinorum operum*. Er wurde 1173 fertiggestellt. 1165 erwarb sie ein leerstehendes Doppelkloster in Eibingen (bei Rüdesheim), das sie nach Übersiedlung einiger ihrer Nonnen als Äbtissin betreute und zweimal wöchentlich besuchte. Ein schwerer Verlust war für sie der Tod Volmars (1173), der ihr Lehrer, Symmysta (Mitwisser), Freund, Propst und Sekretär gewesen war. *In jener Zeit hatte ich in der wahren Schau an der Niederschrift des Buches unter der Mithilfe eines gottesfürchtigen Mönches [...] gearbeitet. Da durchbohrte Traurigkeit mir Seele und Leib, weil ich, durch das Geschick des Todes dieses Mannes beraubt, eine Waise in*

Ritter Hiltbold von Schwangau führt zwei Damen nach der Musik eines Fiedlers zum Tanz. Der Tanz in der Rüstung versinnbildlicht, daß der Minnedienst ebenso zu den adeligen Aufgaben gehörte wie der Kampf mit der Waffe. Kodex Manesse, Zürich, um 1330. Heidelberg, Universitätsbibliothek

Friedrich I. Barbarossa zwischen seinen Söhnen Heinrich, später Kaiser Heinrich VI., und Herzog Friedrich von Schwaben. Miniatur aus der Welfenchronik, um 1185–1190. Fulda, Hessische Landesbibliothek, Hs. D11, f. 14r

Das alte Kloster Eibingen, vor 1802

dieser Welt war. Denn im Dienste für Gott hatte er alle Worte dieser Schau mit großer Sorgfalt in ununterbrochener Mühe aufgenommen und sie korrigierend durchgesehen. Und immer hat er mich ermahnt, […] Tag und Nacht an dem, was mir in dieser Schau gezeigt wurde, zu schreiben und zu arbeiten. Das tat er bis zu seinem Tode.[116]

Die Fertigstellung des Buches drängte, aber erneut ergaben sich Schwierigkeiten mit dem Disibodenberger Mönchskloster. Abt Helenger weigerte sich, den von den Nonnen gewählten Propst freizugeben, wie es die Vereinbarung zwischen den Klöstern forderte. Hildegard bat Papst Alexander III. um Hilfe und beauftragte inzwischen ihren Neffen, Propst Wezelin von St. Andreas in Köln, die Niederschrift von *De operatione Dei* weiterzuführen. Von Papst Alexander dazu beauftragt, vermittelte Wezelin die Entsendung des Disibodenberger Mönches Gottfried als Propst und Hildegards Sekretär. Von ihm stammt das erste Buch der *Vita* Hildegards, zu dem er autobiographische Notizen der Seherin sammelte und das wichtige Fakten über ihr Leben enthält. Gottfried starb jedoch schon Ende 1175 oder Anfang 1176. Nochmals forderten die Nonnen vergebens von Abt Helenger einen Propst. Vorübergehend wurde das Amt von Hildegards Bruder Hugo, Domkantor in Mainz, und anderen versehen, bis im Juni 1177 Wibert von Gembloux den Rupertsberg besuchte. Als Hugo im selben Jahr starb, blieb Wibert als Hildegards Sekretär. Da er nicht Deutsch sprach, mußte Hildegard sich auf Latein mit ihm verständigen. Wibert war ehrgeizig, er wollte alles über Hildegards Visionen wissen, staunte über die wohlgeordneten Rupertsberger Verhältnisse und begann eifrig mit Schreibarbeiten. Leider begnügte er sich trotz Hildegards Bitte nicht damit, nur ihre Grammatik zu verbessern, wie es ihre früheren Sekretäre getan hatten. «Zum Glück waren die großen Werke der Seherin abgeschlossen. Die *Vita des heiligen Martinus*, die man zu ihren Schriften zählt, trägt kein hildegardisches Gepräge, sie ist Wiberts Werk.»[117] Wibert blieb bis 1180 auf dem Rupertsberg, hinterließ jedoch keine Aufzeichnungen über Hildegards Tod oder die Ereignisse in ihren letzten Lebensjahren.

Hildegards Lebensende wurde von einem letzten großen Konflikt mit der mächtigen Kirchenverwaltung überschattet. Sie hatte 1178 einen exkommunizierten jungen Edelmann unter Teilnahme von ganz Bingen und seinem Beichtvater feierlich auf dem Rupertsberger Friedhof beerdigen lassen. Während der Mainzer Erzbischof, Christian von Buch, vom 3. bis 19. März 1179 am Laterankonzil in Rom teilnahm[118], verlangte das Mainzer Domkapitel die Exhumierung der Leiche und drohte Hildegard mit dem Interdikt, dem Kirchenbann, weil die Wiederaufnahme des Edelmannes in die Kirche nur privat nach seiner Beichte und nicht offiziell erfolgt sei. Hildegard widersetzte sich dem Befehl. «Mit ihrem Äbtissinnenstab machte sie ein Kreuz über das Grab, verwischte die Grenzen und machte es unkenntlich.»[119] Darauf mußten sie und ihre Nonnen die Kirche verschließen und auf den öffentlichen Vollzug des Gottesdienstes, auf Gesang, Glockengeläute und Kommunion verzichten. Hildegards tränenreiche Prostration vor dem Mainzer Domkapitel blieb ebenso erfolglos wie die briefliche Ermahnung an die Prälaten, sie sollten sich nicht *von Rachsucht lenken* lassen.[120] Ränke und Intrigen kennzeichnen den Verlauf der Angelegenheit. Endlich schrieb Hildegard an Erzbischof Christian in Rom: *Hätte die Furcht vor dem allmächtigen Gott*

Bingen am Rhein. Rechts die Nahemündung mit der Drususbrücke, die noch heute steht, und das Kloster Rupertsberg. Kupferstich von Matthäus Merian, 1633

mich nicht daran gehindert, so hätte ich den Obern demütig gehorcht […]. Als wir aber eine Zeitlang nicht ohne großen Schmerz und tiefe Traurigkeit den Gottesdienst eingestellt hatten, begab ich mich […] zu unseren Prälaten nach Mainz. Ich legte ihnen die Worte, die ich im wahren Lichte geschaut […] in einem Schriftstück vor, damit sie daraus den Willen Gottes in diesem Rechtsfall erkennen sollten. Unter bitteren Tränen bat ich die Anwesenden um Verzeihung und flehte sie klagend und demütig um Erbarmen an. Da aber ihre Augen so verfinstert waren, […] ging mein treuer Freund, der Erzbischof von Köln, nach Mainz. Ein freier Ritter begleitete ihn, der durch beweiskräftige Zeugen glaubhaft machen wollte, daß er selbst und der Verstorbene, als dieser noch lebte, […] gemeinsam, am gleichen Ort, zur gleichen Stunde, durch den gleichen Priester vom Bann gelöst worden seien. Auch der betreffende Priester, der sie losgesprochen hatte, war erschienen. Hildegard endet mit der Bitte, das Interdikt aufzuheben, erklärt aber: *Besser ist es für mich, in die Hände der Menschen zu fallen, als das Gesetz meines Gottes zu verlassen.*[121] Der Erzbischof entschied zugunsten Hildegards, jedoch nicht ohne sie zurechtzuweisen. Es sei für sie «höchst gefährlich, den Einspruch der Geistlichen zu mißachten»[122].

Nur wenige Monate nach dieser Auseinandersetzung mit ihren kirchlichen Vorgesetzten starb Hildegard am 17. September 1179 im 82. Lebensjahr. Die *Vita* berichtet, daß Lichterscheinungen und Wunder ihren

Lichterscheinung beim Tod der hl. Hildegard. Wandbild in der Kirche der Abtei St. Hildegard, Rüdesheim-Eibingen, 1900–1904

Tod begleiteten – ein Topos der Heiligenlegenden. Schon im zweiten und dritten Buch dieser *Vita* wird Hildegard wiederholt als *sancta*, als *Heilige* bezeichnet. Der Strom von Besuchern und Pilgern schwoll nach ihrem Tod so stark an, daß Erzbischof Siegfried II. von Mainz sich gezwungen sah, persönlich auf dem Rupertsberg zu erscheinen, um der Verstorbenen zu verbieten, weitere Wunder zu wirken.[123]

Die Visionsschriften

Hildegard von Bingen besaß viele Vorzüge: eine ungewöhnliche Intelligenz, ein tiefes Verständnis für theologische, philosophische und naturwissenschaftliche Fragen und große musikalische und poetische Begabung. Als sie aber 1141 ihre Visionen öffentlich einer Gottesbegnadung zuschrieb, erklärte sie damit ihre Sonderstellung innerhalb der Kirche und unter den Menschen. Es besteht kein Zweifel, daß ihr diese Sonderstellung nur widerwillig gewährt wurde und sie zum Mittelpunkt der Intrigen von Ehrgeizigen und Mächtigen machte. Ihre Behauptung, daß der Schöpfer durch sie sprach, daß sie das Sprachrohr dessen war, dem alle Herrscher der Welt und selbst der Papst untertan waren, forderte die weltlichen und kirchlichen Mächte heraus. Diese unmittelbare Stellung zum Höchsten gewährte ihr eine Autonomie und einen Einfluß, der von den irdischen Vertretern Gottes nicht ohne eingehende Untersuchung akzeptiert wurde. Es spricht für Hildegards Gabe, daß sie diese Prüfung bestand. Hildegards tiefe Gläubigkeit und ihre Überzeugung, begnadet zu sein, stehen außer Zweifel. Aber das «Geheimnis dieser Frau, die drei Jahrzehnte hindurch ungewollt das Faszinosum des Abendlandes war», ist «letztlich das Charisma ihrer Sehergabe» gewesen.[124]

Hildegards Sehergabe wurde in der Folge auf zweifache Art interpretiert. Einerseits wurde das Phänomen ihrer Schau von theologischer Seite als rational nicht erklärbar und gottgegeben begriffen. Diese Auffassung liegt den meisten Arbeiten über Hildegard zugrunde. Sie versuchen, Hildegards Visionen gläubig zu akzeptieren und ihre überreiche Bildlichkeit, ihre ungewohnten Metaphern und Bezüge zu Bibelzitaten dem modernen Menschen verständlich zu machen. Andererseits hat es immer auch jene Interpreten gegeben, die weniger am Inhalt des Geschauten und mehr an der spezifischen Beschaffenheit von Hildegards visionärer Gabe interessiert waren. Es fehlt nicht an wissenschaftlichen Erklärungen, die Hildegards Seherschaft als Symptom psychogener oder physischer Störungen darstellen, wie zum Beispiel Hysterie[125], Migräne[126], Halluzinationen[127], Krise der Wechseljahre[128] usw.

Wibert, ein in den antiken Klassikern Ovid, Vergil und Horaz versierter Mönch der Benediktinerabtei Gembloux bei Namur, war einer der ersten, der sich für das Phänomen der Visionen an sich interessierte. Ihm verdanken wir Hildegards eigene Beschreibung dieser Vorfälle, die für jede Behandlung dieses Themas den Ausgangspunkt bilden muß. Wibert schrieb im Sommer 1175 an Hildegard, weil er über «die ungewöhnlichen, fast alle Jahrhunderte hindurch bis auf den heutigen Tag unerhörten Gaben»[129] Hildegards Näheres erfahren wollte. Wiberts Brief enthält zwischen den Zeilen üblicher Demutsbezeugungen und Hohelieds-Erotik[130] die feine Skepsis eines an der Antike geschulten Gelehrten: «Wenn du aus den Kellern der Schauungen, in die der ewige König dich als Seine Braut häufig einführt, in die Außenwelt zurückkehrst und uns durch deine Schriften Anteil an den heiligen Visionen schenkst, die du enthüllten Antlitzes in der Umarmung des Bräutigams schaust, dann folgen wir eilends dem Duft deiner Salben.» Dann kommt er zu seinem wirklichen Anliegen: «Wir möchten nämlich wissen – ich und viele andere mit mir –, ob es wahr ist, [...] daß deine Visionen, nachdem sie auf dein Geheiß und nach deiner Weisung von den Notaren schriftlich aufgenommen wurden, deinem Gedächtnis entfallen, so daß du dich gar nicht mehr des Gesagten erinnerst. Auch möchten wir wissen, ob du diese Visionen in lateinischer Sprache diktierst oder sie in deutscher Sprache vorbringst und ein anderer sie ins Lateinische überträgt. Auch das möchten wir nicht weniger gern wissen, ob du der Heiligen Schrift durch eifriges Lesen – oder einzig unter Führung der göttlichen Salbung, die ihre Erwählten über alles belehrt – innegeworden bist.»[131]

Die drei Punkte, über die Wibert Aufklärung verlangt, betreffen den Kern von Hildegards Sehertum: 1. ob ihr bewußt ist, was sie spricht und was ihr später zugeschrieben wird, oder ob sie (wie zum Beispiel Elisabeth von Schönau) unter Ekstasen oder Halluzinationen leidet; 2. ob sie Autorin des Geschriebenen ist oder ob andere ihren Anregungen die grundlegende Form geben; und 3. ob ihre Auslegungen auf persönlicher Kenntnis der Heiligen Schrift beruhen. Die Fragen gelten also Hildegards geistiger, schriftlicher und intellektueller Autorinnenschaft.[132]

Hildegard war wohl zu vertraut mit den menschlichen Schwächen, um Mißtrauen und versteckten Verdacht nicht aus den Zeilen Wiberts herausgelesen zu haben. Sie ließ die Überbringerin des Schreibens die Rückreise nach Gembloux ohne Antwort antreten. Erst Wiberts zweiten, durch einen ihr standesgemäßen ritterlichen Boten überbrachten Brief beantwortete sie. In ihrem als *De modo visionis suae* berühmten Schreiben weist sie den mehr als 25 Jahre jüngeren Mönch mit bemerkenswerter Gelassenheit in die Schranken. Selbstsicherheit, Lebensweisheit und wissenschaftliche Bildung zeichnen sich in diesem Brief ab, aber auch die Erkenntnis, wie gering die Fülle ihres Wissens im Verhältnis zu dem noch zu Wissenden ist.

Ihre direkten, leicht faßlichen Erklärungen geben eine erstaunlich deutliche Beschreibung des Phänomens ihrer Gesichte. Auf Wiberts Frage nach der geistigen Autorschaft der ihr zugeschriebenen Visionen bestätigt sie, daß sie aus ihrem Munde stammen und nicht das Werk anderer sind. Gleichzeitig betont sie aber auch, daß sie nur Sprachrohr einer höheren Macht ist und nicht aus eigener Erkenntnis spricht. Sie ist Vermittlerin, nicht Urheberin dieses Wissens: *Die Worte, die ich spreche, habe ich nicht von mir noch von einem anderen Menschen, sondern ich sage sie aus der Schau, die ich von oben empfing.* Wiberts zweite Frage, die sich auf die Niederschrift ihrer Visionen bezieht, enthält den leisen Vorwurf der Ehrsucht: Sie bedürfe der Hilfe gelehrter Assistenten, um sich selbst als Seherin in den Vordergrund stellen zu können. Hildegard antwortet: *[…] ich weiß, daß ich ein Mensch bin […]. Viele Weise wurden so von Wundern durchströmt, daß sie sehr viele Geheimnisse kundtaten. Doch aus eitler Ruhmsucht schrieben sie diese sich selbst zu und kamen deshalb zu Fall […]. Das, was ich schaue, kann ich nicht vollkommen wissen, solange ich in der Dienstbarkeit des Leibes und der unsichtbaren Seele bin; denn an beiden besteht beim Menschen ein Mangel.*[133] Jeder Mensch sei von Natur aus hilfsbedürftig und unvollkommen, also auch sie; Ruhmsucht sei aber nicht der Grund ihrer Inanspruchnahme fremder Hilfe. Zu Wiberts dritter Frage sagt sie einfach, *keine Sicherheit irgendeines Könnens erkenne ich in mir* und verneint auch eine bewußte intellektuelle Tätigkeit: *In der Schau sah ich auch, daß das erste Buch meiner Visionen Scivias genannt werden sollte, weil es auf dem Wege des Lebendigen Lichtes kundgetan wurde und nicht aus anderer Lehre stammt.*[134]

Nachdem sie zu Wiberts Fragen Stellung genommen hat, beschreibt sie ihre Sehergabe freimütig und deutlich. *Und meine Seele steigt – wie Gott will – in dieser Schau empor bis in die Höhe des Firmamentes […]. Ich sehe aber diese Dinge nicht mit den äußeren Augen und höre sie nicht mit den äußeren Ohren, auch nehme ich sie nicht mit den Gedanken meines Herzens wahr noch durch irgendwelche Vermittlung meiner fünf Sinne. Ich sehe sie vielmehr einzig in meiner Seele, mit offenen leiblichen Augen, so daß ich dabei niemals die Bewußtlosigkeit einer Ekstase erleide, sondern wachend schaue ich dies, bei Tag und Nacht.*

Das Licht, das ich schaue, ist nicht an den Raum gebunden. Es ist viel, viel lichter als eine Wolke, die die Sonne in sich trägt. Weder Höhe noch Länge noch Breite vermag ich an ihm zu erkennen. Es wird mir als der «Schatten des Lebendigen Lichtes» bezeichnet. Und wie Sonne, Mond und Sterne in Wassern sich spiegeln, so leuchten mir Schriften, Reden, Kräfte und gewisse Werke der Menschen in ihm auf.

Strahlen, Flamme, Feuer, Blitz und ähnliche physikalische Erscheinungsformen benutzt sie auch oft als Lichtsymbole zur wörtlichen und bildlichen Erklärung des Phänomens ihrer Schau. *Alles, was ich in der Schau sehe und lerne, das behalte ich lange Zeit in meinem Gedächtnis, weil, sobald ich es sehe oder höre, es in mein Gedächtnis eingeht. Ich sehe, höre und weiß gleichzeitig, und wie in einem Augenblick erlerne ich das, was ich weiß. Was ich aber nicht sehe, das weiß ich nicht, denn ich bin ungelehrt und wurde nur unterwiesen, in Einfalt Buchstaben zu lesen. Und was ich schreibe, das schaue und höre ich in der Vision und setze keine anderen Worte als die, die ich höre und in ungefeilten lateinischen Worten, so wie ich sie in der Vision höre, kundtue. Denn ich werde in der Schau nicht gelehrt, wie die Philosophen zu schreiben. Die Worte in dieser Schau klingen nicht wie die aus Menschenmund, sondern sie sind wie eine blitzende Flamme und wie eine im reinen Äther sich bewegende Wolke. Die Gestalt dieses Lichtes vermag ich aber nicht zu erkennen, wie ich ja auch die Sonnenscheibe nicht ungehindert anschauen kann.*

In diesem Licht sehe ich zuweilen, aber nicht oft, ein anderes Licht, das mir das «Lebendige Licht» genannt wird. Wann und wie ich es schaue, kann ich nicht sagen. Aber solange ich es schaue, wird alle Traurigkeit und alle Angst von mir genommen, so daß ich mich wie ein einfaches junges Mädchen fühle und nicht wie eine alte Frau.[135] Wibert sandte Hildegard noch mehrere aufdringliche Briefe, die sie zur Beantwortung von einem «Bündel spitzfindiger theologischer Fragen»[136], den «Achtunddreißig Fragen» der Villerenser Mönche in Brabant, bewegen sollten. Auf die meisten Fragen ging sie jedoch nicht weiter ein.

Ein großer Teil von Hildegards Wesen und kompliziertem Charakter wird durch dieses Phänomen ihrer «wahrhaft wunderbaren und höchst seltenen Art der Schau»[137] geprägt. Keiner der vielen wissenschaftlichen Deutungsversuche hat bisher eine zufriedenstellende Erklärung dieser Erscheinungen geben können. Da Hildegards Visionsschriften exegetischen Charakter zeigen und weder aus einer «unio mystica»[138] noch aus askesebedingten Ekstasen[139] stammen, ist man auch davon abgekommen, sie als Mystikerin zu bezeichnen. Kurt Ruh nimmt sie nicht mehr in seine 1990 erschienene «Geschichte der abendländischen Mystik» auf.[140] Der bekannte Hildegard-Forscher Abt Ildefons Herwegen erkannte schon 1928, daß «Hildegard gänzlich aus dem Rahmen ihrer mystischen Zeitgenossen» heraustritt. «Weder mit Hugo von St. Viktor noch mit dem größeren heiligen Bernhard teilt sie ihre mystische Art [...] noch ist es zulässig, sie an den Anfang einer Linie zu stellen, die mit Mechthildis endigt.»[141] Eine Erklärung ihrer Gabe kann auch hier nicht geleistet werden. Die Visionstrilogie ist jedoch ihre beste und eine erstaunliche Leistung, die jedem Versuch widersteht, ihre Arbeit auf die Thesen von

Zeitgenossen oder ihrer Vorgänger zu reduzieren. Sie besteht aus dem Erstlingswerk *Scivias – Wisse die Wege* (1141–1151), dem *Liber vitae meritorum – Das Buch der Lebensverdienste* (1158–1162), und dem *Liber divinorum operum* oder *Liber de operatione Dei – Welt und Mensch* (1163–1173).

«Scivias» – «Wisse die Wege»

Der Titel *Scivias* ist eine Abkürzung für *Scito vias Domini* (*Wisse die Wege Gottes*). Das Buch ist vor allem an eine geistliche Leserschaft gerichtet, die mit der traditionellen Auslegung von Bibeltexten und mit der Interpretation der damals üblichen allegorischen Bildlichkeit aus Glossarien und Kommentaren vertraut war. Der *Scivias* sollte die seelische und moralische Erneuerung einer verweltlichten Geistlichkeit bewirken und dem gleichgültig gewordenen Klerus den Weg zur Erlösung zeigen. In der kurzen Vorrede erläutert Hildegard Art, Anfang und göttlichen Ursprung ihrer Visionen und erklärt ihre Funktion als Prophetin und Sprachrohr einer «Stimme vom Himmel». Diese Stimme, an Hildegard gerichtet, belehrt sie am Anfang der ersten Vision über ihre Aufgabe: *Gebrechlicher Mensch, Staub vom Staub der Erde, Asche von Asche, rufe*

Hildegard von Bingen. Holzschnitt aus dem Erstdruck des «Scivias», herausgegeben von Jacobus Faber, Paris 1513

und sage, wie man in die Erlösung, die alles wiederherstellt, eingeht, damit die unterrichtet werden, die, obgleich sie den innersten Gehalt der Schriften kennen, ihn dennoch nicht aussprechen oder verkünden wollen. Denn sie sind lau und schwerfällig, die Gerechtigkeit Gottes zu beobachten. Ihnen tue die verschlossenen Geheimnisse kund, die sie furchtsam in verborgenem Acker fruchtlos vergraben. Ergieße dich wie ein überreicher Quell, und ströme geheimnisvolle Lehre aus, damit durch die Flut deiner Wasser die aufgerüttelt werden, die um der Sünde Evas willen dich für verächtlich halten. Denn du empfängst diese Schärfe und Tiefe nicht von einem Menschen. Von dem himmlischen, furchtbaren Richter wird sie dir von oben her gegeben […]. Erhebe dich also, rufe und sprich, was dir durch die so starke Kraft göttlicher Hilfe kund wird.[142] Die uns heute ungewohnte Bildlichkeit der Aussage ist im Kontext mittelalterlichen Verständnisses durchaus einfach gehalten: Der Mensch Hildegard (*Staub vom Staub*) soll wie die Propheten des Alten Testaments die Kleriker aufrütteln, die zwar Gottes Wort kennen, aber es nicht *verkünden wollen.* Hildegard benutzt oft die Parabel des ertragreichen Feldes oder Weinberges, die ihr sowohl aus persönlicher Erfahrung wie aus der Bibel bekannt war. Die Geistlichen ihrer Zeit sind *fruchtlos* und unnütz, wie ein vertrocknetes Feld, das sie mit ihren belehrenden Worten – *wie ein überreicher Quell* – begießen und fruchtbar machen soll. Damit niemand glaube, ihr kein Gehör schenken zu müssen, weil sie nur eine Frau sei (*die um der Sünde Evas willen dich für verächtlich halten*), wird betont, daß ihre scharf- und tiefsinnigen Auslegungen *nicht von einem Menschen*, sondern direkt von *dem himmlischen, furchtbaren Richter […] von oben her* kommen. In diesem relativ kurzen Absatz verankert Hildegard die Grundsätze ihres Prophetentums: Wie der Sohn Gottes in der unscheinbaren Gestalt eines Handwerkerkindes auf die Erde kam, so wird sie, eine ungebildete Frau, das Werkzeug Gottes als Prophetin, um die Pharisäer ihrer Zeit zu belehren.

Der *Scivias* ist deshalb so beeindruckend, weil Hildegard mit durchaus traditionellen literarischen Mitteln arbeitet, die sie ohne formale Schulung oder Unterweisung in Philosophie, Rhetorik oder Logik allein in der täglichen Ausübung ihrer Ordenspflichten erlernt haben mag. Gleichzeitig – oder vielleicht gerade deshalb – besitzt das Buch eine wohlorganisierte Struktur mittels einer eigenwilligen, ungewöhnlich modern anmutenden stilistischen Form. Ein solches Verfahren ist bei Schriftstellerinnen aller vergangenen Epochen bemerkbar, in denen der Frau der Zugang zur systematischen Schulbildung versagt wurde. Sie waren deshalb gezwungen, autodidaktisch nach eigenen Schaffensprinzipien zu arbeiten.

Als Strukturmittel ihres Textes benutzt Hildegard die im Mittelalter gebräuchliche Zahlensymbolik[143]: Der *Scivias* besteht aus drei Büchern und ist die erste ihrer drei Visionsschriften. Die Zahl Drei wurde als Zahl der Vollkommenheit und deshalb als Symbol Gottes gesehen (Trinität). Sie ist in der Bibel häufig: drei Tage war Jona im Fisch, drei Tage lag Christus im Grab; Glaube, Hoffnung und Liebe sind die drei theologischen Tugenden. Ein direkter Hinweis darauf, daß sich Hildegard dieser strukturierenden Symbolik vollkommen bewußt war, ist im Abschnitt *Der Erlöser* zu finden. Sie spricht vom Gottessohn, der *drei Tage – zum Hinweis auf die drei Personen in der einen Gottheit – im Grabe lag*[144].

Die Thematik der drei Bücher ist an den drei Hauptpunkten der Heilsgeschichte orientiert: Schöpfung, Erlösung, Ende der Zeiten. Das erste Buch beschäftigt sich mit der Schöpfungsgeschichte, dem Sündenfall Adam und Evas und dem Bösen im Plan Gottes für die Welt. Außerdem mit der Spaltung, die mit der Sünde in die Welt kam, der Stellung des Menschen innerhalb des Kosmos und der Wechselbeziehung von Geist und Materie. Auch hier ist die Zahlensymbolik vordergründig: Die sechs Kapitel («Visionen») des ersten Buches reflektieren die sechs Tage, in denen Gott laut dem 1. Buch Mose Himmel und Erde schuf. Dem Text jeder Vision wird eine Buchmalerei vorangestellt oder beigegeben, die eine von Hildegards «geschauten» Allegorien illustriert. Das Ganze ist in seinen Teilen auch symbolisch zu deuten. Die einleitende Vision des Buches zeigt den «Leuchtenden» auf einem Berg. Der Berg ist Symbol der Begegnung von Himmel und Erde, der Gottesoffenbarung wie auf dem Sinai, des menschlichen Aufstiegs wie der Theophanie u. a. Hier wird nicht nur generell die Möglichkeit der Kommunikation mit Gott dargestellt, sondern speziell auch Hildegards eigene Schau in der Figur der «kindlichen» Seherin.

Die Struktur innerhalb jeder Vision ist einfach gehalten. Die Allegorie wird zuerst in ihren Einzelheiten konkret von Hildegard beschrieben. Fraglich ist allerdings, ob Hildegard die Komposition, Farbgebung der Illustrationen und Ausführung selbst überwacht hat.[145] Das Bild und seine Beschreibung werden zur Grundlage der Interpretation, die allerdings nicht von Hildegard stammt, sondern göttlichen Ursprungs ist. Eingeleitet wird diese Auslegung durch eine Formel wie *Erkenne nun, was du siehst*[146] oder *Und wiederum hörte ich, wie eine Stimme von den Höhen des Himmels herab zu mir sprach*[147]. Damit wird das Bild (die Vision) zum Text des Buches. Die Interpretation selbst ist exegetisch und an den traditionellen Bibelerläuterungen monastischer Kommentatoren orientiert. Der didaktische Aspekt der Interpretationen behandelt Lehre und Moral und liefert als Beweismaterial einschlägige Bibelzitate. Die Belehrung erfolgt oft durch eine spezifische Fragestellung: *Könnten wohl in einer Brust zwei Herzen sein?*[148] – *Und warum wird Es «Wort» genannt?*[149] Die einzelnen Visionen enden wieder mit einer bestimmten Formel. Im

aliam profunditatem expositionis librorum
ut prędixi sentiens. uiribusque receptis. de
egritudine me erigens uix opus istud
decem annis consummans ad finem
perduxi. In diebus autem Heinrici
Moguntini archiepiscopi et Conradi Roma-
norum regis et Cunonis abbatis in
monte beati Dysibodi pontificis.
sub papa Eugenio hę uisiones et uerba
facta sunt. Et dixi et scripsi hęc non secundum
adinuentionem cordis mei aut ullius ho-
minis. sed ut ea in cęlestibus uidi. audiui
et percepi per secreta misteria dei. Et iterum
audiui uocem de cęlo michi dicentem.
Clama ergo et scribe sic.
Incipiunt capitula libri Scivias
simplicis hominis.
Capitula primę uisionis primę partis.
I. De fortitudine et stabilitate ęternitatis
regni dei.
II. De timore domini.
III. De his qui pauperes spiritu sunt.
IIII. Quod uirtutes a deo uenientes timentes deum
et pauperes spiritu custodiunt.
V. Quod agnitioni dei abscondi non possunt
studia actuum hominum.
VI. Salemon de eadem re.

Der Leuchtende. Erste Vision des ersten Teils des «Scivias».
Nach der 1927–1933 von den Nonnen der Abtei St. Hildegard angefertigten Kopie des im Zweiten Weltkrieg verschollenen Rupertsberger Kodex

ersten Buch richtet sich die Schlußformel an Geist und Seele: *Wer immer Erkenntnis im Heiligen Geiste und die Flügel des Glaubens besitzt, der gehe nicht achtlos an meiner Mahnung vorüber, sondern koste, umfange und trage sie in seiner Seele.*[150]

Das Thema des zweiten Buches ist das Erlösungswerk Christi. Die erste Vision zeigt *ein helleuchtendes Feuer, ein Feuer, das unbegreiflich, unauslöschlich, ganz lebendig, ganz Leben ist*[151]. Das Feuer und die Flamme repräsentieren Gott, den Ursprung des Wortes Gottes, Christus als das fleischgewordene Wort Gottes und den als Flamme gekennzeichneten Heiligen Geist. Wieder gehen die Bilder von den Theophanien des Alten Testaments aus. (Moses und der brennende Dornbusch usw.) Bevor Hildegard jedoch auf die Geheimnisse der Menschwerdung Christi und der Dreieinigkeit eingeht, betont sie wieder, daß sie als Frau eigentlich unbefugt zur Lehre sei. Eine Stimme aus dem Feuer spricht: *Gebrechliche Erde, als Weib unerfahren in jeglicher Lehrweisheit fleischlicher Wissenschaft. Du verstehst nicht, Schriften zu lesen wie gelehrte Männer. Du bist einzig berührt von meinem Lichte, das dein Innerstes durchglüht wie eine brennende Sonne. Rufe und künde und schreibe diese meine Geheimnisse.*[152] Dieser ständige Hinweis auf die eigene Person als *indocta* (*Ungelehrte*), in eine feste Formel der «humilitas» gekleidet, liefert gleichzeitig den Beweis der Wahrscheinlichkeit: Indem Hildegard nämlich sich selbst gelehrte Autorität abspricht, schafft sie den Texten wesentlich größere Glaubwürdigkeit als Offenbarungen Gottes.

Das Werk der Erlösung als Thema des zweiten Buches geht von der zweiten Person der Trinität aus, also der Inkarnation Gottes in Jesus Christus, und leitet zu Erläuterungen der Sakramente in der von ihm gegründeten Kirche über. Für den, der Augen und Ohren hat, bieten Christus und seine Kirche Trost und Stütze. Die Schlußformel der Visionen des zweiten Buches richtet sich deshalb an diese Sinne: *Wer wachenden Auges sieht und gespannten Ohres hört, der reiche diesen geheimnisvollen Worten, die Mir, dem Lebendigen, entströmen, den umarmenden Kuß!*[153] Das Buch endet mit der Erkenntnis, daß *der Widersacher* Gottes, der Teufel, durch Christus und seine Kirche überwunden wird. Denn um den Nacken des Ungeheuers ist eine Kette geschlungen. *Die Macht der Hölle ist durch die Gewalt des Allmächtigen so gebrochen und zermalmt, daß durch ihren Sturz auch ihre gottlosen Werke und nichtswürdigen, menschenbetörenden Wege zerfallen.*[154] Die Allegorie für die Kirche ist eine weibliche Figur, die als jungfräuliche Braut Christi *ihm stets neue Kinder schenkt durch die Wiedergeburt aus dem Geiste und dem Wasser […]. Sooft die Taufweihe mit dem Chrisma in der Heiligung des Heiligen Geistes vollzogen wird.*[155] Sie kümmert sich um ihre Kinder mittels der Sakramente, denen einzelne Visionen und Auslegungen gewidmet sind.

Einen bedeutenden Anteil am modernen Hildegard-Verständnis haben sich amerikanische Benediktinerinnen durch ihre Übersetzungen und Interpretationen erworben. Die englische Übersetzung des *Scivias* von Mutter Columba Hart[156] hebt im Vorwort Hildegards damals «unty-

Hildegard von Bingen. Die Sterne auf ihrem Gewand symbolisieren ihr Interesse für den Kosmos. Plastik in der Hildegardiskirche in Rotterdam-Hillegersberg, Ende des 19. Jahrhunderts

pische […] Annahme quasi-klerikaler Rollen und ihre exegetische statt empirische Haltung gegenüber ihren Visionen» hervor.[157] Ein spezifisches Merkmal von Hildegards Gesamtwerk wird hier erstmals besprochen, nämlich «die glorreiche Empfindung der Macht und Unabhängigkeit, die die Jungfräulichkeit der Frau verleiht»[158]. Als jungfräuliche Mutter *kämpft auch die Kirche gegen die gottlosen Verführer*, sie *widersteht ihnen mannhaft* und *erleidet dabei nicht den geringsten Schaden*, sondern bleibt *unversehrt.*[159] Es genügt nicht, diesen Topos mit dem Hinweis auf die mittelalterliche Mariendichtung abzutun. Hildegards Jungfrauen sind «mannhaft»-heldenhafte Kämpferinnen, wie die Walküren der nordischen Mythologie, Brünhild im «Nibelungenlied», die verwitwete Kriemhild in der «Klage» und viele andere unverheiratete Frauen- und Rächergestalten der Dichtung. Die Idee, daß die Frau dem Mann an Kraft und Streitbarkeit ebenbürtig ist und diese erst durch die Heirat verliert, ist in der mittelalterlichen Dichtung mehrfach vertreten. Hildegard führt hier ein neues Motiv in die religiöse Literatur ein.

Die Zahlensymbolik bleibt weiterhin bestimmend. Das Buch der Erlösung besteht aus sieben Visionen. Sieben ist die heilige Zahl, denn sie setzt sich aus den Zahlen Drei (Gott) und Vier (Welt) zusammen – offensichtlich die treffendste Wahl für das Werk des menschgewordenen Gottes. Die Sieben ist außerdem in der Bibel wie in den Lehren der Kirche vorherrschend: Es gibt jeweils sieben Sakramente, Grade des Priestertums, Tugenden (vier Kardinal- und drei theologische Tugenden) und Gaben des Heiligen Geistes. Im Hinblick auf diese durchgängige Symbolik darf es auch nicht als Zufall betrachtet werden, daß Hildegard im Jahre 1141 – dessen Quersumme die heilige Zahl ergibt – und im dreiundvierzigsten Jahr (4 + 3) ihres Lebens den göttlichen Auftrag für den *Scivias* erhielt. Schon hier tritt auf mathematischer Ebene der Sinn für eine kosmische Ordnung auf, dem Hildegards Alterswerk so stark verpflichtet ist.

Das dritte Buch fußt auf den Erkenntnissen der beiden ersten Bücher, weist aber darüber hinaus. Die historischen Ereignisse der Schöpfung und der Erscheinung Christi und seiner Kirche bilden nun die Grundlage einer Zukunftsvision, die das universelle «Gebäude» der göttlichen Ordnung in Ausdrücke konkreter Baukunst faßt. Gebäude, Turm, Säule, dreifache Mauer usw. sollen analog der gewaltigen romanischen Kirchen-Festungen die Solidität der göttlichen Vorsehung beglaubigen. Buch und Bau, diese beiden so wichtigen Elemente in Hildegards Leben, sind hier untrennbar miteinander verbunden in Schrift und Bild. Maßgebend ist in diesem Buch die überall in der Schöpfung sichtbare Ordnung. Dazu gehört eine gottgewollte Hierarchie. Daß die beiden äußeren Mauern des Gebäudes der göttlichen Ordnung drei Ellen hoch sind, *will besagen, daß sich infolge der gerechten Aufstellung zweier weltlicher Stände – der Hoch- und der Niederstehenden – drei Gruppen unter den Menschen ergeben: die machthabenden Führer, die Freien, die nicht durch die Knechtschaft der Dienstbaren gebunden sind, und das gewöhnliche Volk, das seinen Herren in Dienstbarkeit untersteht*[160]. Auf diese gottgewollte Ordnung der Stände beruft sich Hildegard beim grundsätzlichen Ausschluß nichtadeliger Frauen aus ihrem Kloster.

Die Zahlensymbolik ist im dritten Buch nicht nur bestimmend, sondern wird auch öfter ausdrücklich erklärt. Die Zahl Fünf wird traditionell als vollkommene Zahl des Mikrokosmos Mensch gedeutet und findet sich in der Bibel zum Beispiel in den fünf mosaischen Büchern. Hildegard bietet folgende Erklärung in der zweiten Schau: Die Höhe der Mauer beträgt fünf Ellen. *Das ist die hochragende Erkenntnis des Göttlichen, wie sie in den heiligen Schriften um des Gottesbaues willen dem Menschen*

Die dreifache Mauer. Sechste Vision des dritten Teils des «Scivias».
Die sechs stehenden Frauengestalten sind die Tugendkräfte (von links) Hochherzigkeit, Enthaltsamkeit, Hingabe, Friede, Wahrheit und Heilszuversicht. Am Ende der dreifachen Mauer sitzt auf einem Stein die mit einer dunklen Tunika bekleidete «Mutter der Tugenden», die Unterscheidung (discretio). Nach der 1927–1933 von den Nonnen der Abtei St. Hildegard angefertigten Kopie des im Zweiten Weltkrieg verschollenen Rupertsberger Kodex

durch seine fünf Sinne dargeboten wird.[161] Wie die Kirchen und Klostergebäude mit ihren kreuzförmigen Lang- und Querschiffen, Kreuzgängen, himmelstrebenden Türmen, Säulen und Pfeilern eine durchweg symbolische Bedeutung haben, so ist Hildegards Buch-«Gebäude» im Aufbau mathematisch strukturiert. Die sechs bzw. sieben Kapitel der beiden ersten Bücher werden mitsamt ihren Aussagen in den dreizehn Visionen des dritten Bandes verschmolzen. Kunstreicher erscheint dieser Aufbau dadurch, daß das dritte Buch eigentlich nur zwölf Auslegungen enthält, denn die dreizehnte Schau klingt musikalisch im *Hohelied der Gnade* aus. Die Zahl Zwölf durchzieht die Bibel wie ein Leitmotiv von den zwölf Stämmen Israels bis zu den zwölf Aposteln und ist ferner im Makro- und Mikrokosmos bedeutend (zwölf Stunden des Tages, der Nacht; zwölf Monate des Jahres mit Monatsarbeiten und zwölf Tierkreiszeichen). Zum Verständnis dieses Buches genügt äußere Sinnestätigkeit nicht mehr. Innere, geistige und seelische Hellhörigkeit ist notwendig. Das betont die Schlußformel der einzelnen Visionen: *Wer scharfe Ohren hat, mit innerem Sinn zu hören, der lechze in der brennenden Liebe zu meinem Lichte nach diesen meinen Worten und schreibe sie im Wissen seiner Seele nieder.*[162] Der besondere Hinweis auf den Gehörsinn leitet zum Lobgesang der dreizehnten Schau über: *Alsdann sah ich eine von Licht ganz durchglänzte Luft. Aus ihr tönten mir wundersam, gemäß all den Sinnbildern, die ich bisher geschaut hatte, mannigfaltige Klänge entgegen.*[163]

Ein geradezu genialer Entwurf gelingt Hildegard mit diesem lyrischen Abschluß des Buches. Die Idee ist durchaus neu: Durch die Verschmelzung von Malerei (Bild, Illumination), Dichtung (Text, Exegese), Architektur (*Gebäude des Heils*, zweite Schau, u. ö.), Musik (sieben Lieder, dreizehnte Schau) und Drama (Urform des Singspiels *Ordo virtutum*, dreizehnte Schau) wird im *Scivias* ein der mittelalterlichen Idee der «ordo» gehorchendes Gebäude aus unterschiedlichen Ausdrucksformen geschaffen, das ein «Gesamtkunstwerk» im Sinn des 19. Jahrhunderts vorwegzunehmen scheint.

Auch innerhalb der einzelnen Visionen finden sich viele erstaunliche Interpretationen kosmischer Sachverhalte. Dazu gehört Hildegards berühmte Sicht der Ellipse als Grundkomponente des Weltalls in der dritten Schau des ersten Buches. Die Vision zeigt ihr *ein riesenhaftes Gebilde, rund und schattenhaft. Wie ein Ei spitzte es sich oben zu, wurde in der Mitte breiter und nach unten zu wieder schmäler.*[164] Die entsprechende Illumination stellt einen Kosmos dar, der ausgehend von einer *Sandkugel* in immer größeren Ellipsen ein sternerfülltes Weltall und weitere Schichten mit einer abschließenden feurigen «Schale» zeigt. Da das Bild notgedrungen zweidimensional ist, fügt Hildegard in der Beschreibung hinzu, es sei rund und *wie ein Ei* zu sehen.

Das Weltall. Dritte Vision des ersten Teils des «Scivias».
Nach der 1927–1933 von den Nonnen der Abtei St. Hildegard angefertigten Kopie des im Zweiten Weltkrieg verschollenen Rupertsberger Kodex

Wir nehmen es heute als selbstverständlich hin, daß die Erde rund ist mit abgeflachten Polen (also «eiförmig») und daß die Bahnen der Planeten nicht kreisrund, sondern elliptisch («eiförmig») sind. Letztere Entdeckung machte Johannes Kepler erst 1609. Hildegards unorthodoxe Erklärung läßt es unwahrscheinlich erscheinen, daß sie bei der Abfassung des *Scivias* von zeitgenössischen Theorien beeinflußt wurde. Dagegen mag sie wohl ihre revidierte Beschreibung des Weltalls im *Liber divinorum operum* den gängigen Erklärungen angepaßt haben, nachdem sie, durch ihr Erstlingswerk berühmt, von zeitgenössischen Denkern und Wissenschaftlern «belehrt» worden war.

«Liber vitae meritorum» – «Das Buch der Lebensverdienste»

Im Vergleich zum *Scivias* hat der *Liber vitae meritorum* wenige Interpreten gefunden. Das liegt sicher zum Teil daran, daß er als letzter Band der Hildegard-Ausgabe des Verlags Otto Müller erst 1972 in deutscher Übersetzung erschien. Die unglückliche Wahl des deutschen Titels und die Bezeichnung des Werks als Ethik oder Erläuterung «vom Sinn des Lebenslaufes»[165] haben das Interesse nicht gefördert.

Hildegard war sechzig Jahre alt, als die Niederschrift ihres zweiten Buches mit Visionen begann. Zwischen dem Abschluß von *Scivias* und dem *Liber vitae meritorum* lagen acht Jahre, in denen sie wahrscheinlich ihre natur- und heilkundlichen Schriften, das Singspiel *Ordo virtutum*, zahlreiche Lieder sowie die *Lingua ignota* (*Unbekannte Sprache*) verfaßte. Diese Werke waren vor allem für den klösterlichen Gebrauch bestimmt. Das neue Buch verdankt seine Entstehung aber vor allem dem Zeitgeschehen und Hildegards Verbindung mit der Außenwelt als Äbtissin und Prophetin. In diesen Zeitraum fallen nämlich auch die Spannungen zwischen Kaiser Friedrich I. Barbarossa und Papst Hadrian IV. Nach Hadrians Tod begann 1159 die achtzehn Jahre dauernde Spaltung der Kirche (Schisma), während der Friedrich mehrere Gegenpäpste ernannte. Hildegard sah in der weltlichen wie in der kirchlichen Sphäre Hochmut, Zorn, Ausschweifungen aller Art, Lüge, Streitsucht, Mißgunst und Zwietracht. Ihre noch während der Niederschrift dieses zweiten Buches unternommenen Reisen zu verschiedenen Klöstern bestätigten ihr eine allgemeine Verkümmerung der frommen, maßvollen, disziplinierten Lebensweise, die sowohl das ritterliche (êre, mâze, zuht) wie das klösterliche Ideal der Zeit war.

Die Einleitung zum *Liber vitae meritorum* deutet bereits an, was die reife Seherin bewog, Gottes Wort nochmals zu verkünden: *Im Jahre 1158, [...] da der Apostolische Stuhl bedrängt war und Kaiser Friedrich das Römische Reich regierte, da hörte ich eine Stimme vom Himmel.*[166] Sie forderte Hildegard zu ihrer unerhörten Predigt auf: Wisset die Wege eines lobenswerten Lebens und zittert vor der Strafe für eure Vergehen. Der *Liber* belehrt durch Rede und Gegenrede der Laster und der Tugenden (eine Variante der musikalischen Antiphon und des ab 1170 populären literarischen «Tageliedes»[167]), Erklärungen der Propheten und Evangelisten und Aufzeichnungen von Strafe und Buße für die Vergehen. Das einfache Ziel wird auf kunstvolle Weise erreicht.

Das Werk besteht aus sechs Teilen, deren tragendes Element diesmal eine einzige Vision ist, die am Anfang jedes Teiles eine Wandlung der Perspektive erfährt. Der Aufbau ähnelt dem musikalischen Prinzip von Thema und Variation. Damit knüpft der *Liber vitae meritorum* an den *Scivias* an, dessen letztes Buch musikalisch im «Hohelied» endet, und führt das Singspiel *Ordo virtutum* auf literarischer Ebene weiter. Die Anlage des Werks in sechs Teilen deutet sowohl auf das Schöpfungswerk und auf das sechsarmige Zeichen des Christusmonogramms (Chrismon), das die Macht Christi symbolisiert, wie auch in der negativen Umkehrung auf die höchste böse Macht: 666 ist die Zahl des zweiten Tieres in der Offenbarung des Johannes 13, 18. Gott, Christi Kirche und der Teufel sind auch jene drei Mächte, die um die menschliche Seele kämpfen: *Der Mensch aber wird vom Bösen nicht beherrscht, solange er sich noch sträubt, es auszuführen. Hat er das Böse indes vollbracht, dann ist er sein Sklave.* Um das zu verhüten, greift Hildegard wieder zur Feder. Am Ende des Buches legitimiert sich Hildegard, der *einfältige Mensch*, als Prophetin: Christus hat ihr die Wahrheit *auf verschiedenen Wegen des Wortes wahrhaft gezeigt. Denn Ich, der Ich vom höchsten Vater ausging, um aus der jungfräulichen Mutter des Fleisches Grünheit anzunehmen, Ich habe diesen Menschen dazu auserwählt.*[168] Christus ist *das Wort selber*[169].

Jeder der sechs Teile des Buches beginnt mit der leitmotivartigen Vision, dem *Mann von solch hohem Wuchs, daß er von der obersten Höhe der Himmelswolken bis hinunter in die Abgründe reichte*[170]. Hildegard identifiziert selbst diese allegorische Gestalt: *[...] dieser Mann steht da für Gott*, weil *alle Kraft und alles, was da lebt, ausgeht von Ihm*[171]. Die Gestalt ist in steter Bewegung und dauerndem Wandel, dreht sich in die vier Himmelsrichtungen, nach dem All und schließlich mit der Erde. Im ersten Teil ist Gott nach Osten gewandt und überschaut das Gebiet von Osten nach Süden. Im zweiten Teil wendet er sich nach Westen und betrachtet die westliche bis nördliche Gegend. Darauf folgt die Schau von Norden nach Osten und schließlich jene von Süden nach Westen. Im fünften Teil blickt der Mann *rundum ins All*[172]. In der letzten Variation

Der Antichrist auf Satans Schoß. Aus dem «Hortus deliciarum», Ende des 12. Jahrhunderts

der Vision sieht Hildegard, *wie der Mann sich gleichsam als Ganzes mit den vier Zonen der Erde bewegte*[173]. Als vordergründige Interpretation der Allegorie bietet sich Gottes Allwissenheit und Allmacht an, die sich auf alle Bereiche der Erde und des Kosmos erstreckt. Dieser Gott wird als unermüdlich Wirkender gezeigt, der «eine unerhört vielschichtige Schöpfung in stetiger Weiterentwicklung»[174] überblickt.

Innerhalb der einzelnen Teile wird der Aufbau nach dem Prinzip Thema/Variation weitergeführt. Nach der einleitenden Beschreibung der Vision wendet sich Hildegards Aufmerksamkeit jeweils einem neuen Teilbereich des Geschauten und dessen Erklärung zu. Im ersten Teil ist dies das dreischneidige Schwert als symbolisches Instrument der Rache Gottes: *Und ich sah, wie der erwähnte Mann ein gezücktes Schwert mit drei Schneiden trug, [...] das wie zum Dreinschlagen hin und her geschwungen wurde.*[175] Im zweiten Teil ist es das Buch: *Mitten auf jedem dieser Flügel des Mannes erschien ein Buch.* Der Symbolkomplex Buch, Wort und Feder umfaßt Hildegards Selbstverständnis als Glied in der langen Reihe der Propheten des Alten und Neuen Testaments. Darauf verweisende Zitate aus den Büchern der Propheten und Evangelisten werden auch in die Erklärungen aufgenommen, denn *Gottes Finger* hat in diesen Büchern geschrieben: *Die Prophetengabe weissagte den Menschen über ihre Vision die Weisheit und das Wissen [...]. Dies sind die Wunderwerke der Gottheit, die Gott im Menschen wirkt: vorhersehend, aufschreibend, die Zither schlagend und mit den Flügeln der Prophetengabe aufjubelnd.*[176] Im dritten Teil wendet Hildegard ihre Aufmerksamkeit den Schäden zu, die der Mensch durch seine Nachlässigkeit der Natur zufügt, die er nach Gottes Willen verwalten soll: *Und ich hörte, wie sich mit einem wilden Schrei die Elemente der Welt an jenen Mann wandten. Und sie riefen: «Wir können nicht mehr laufen und unsere Bahn nach unseres Meisters Bestimmung vollenden. Denn die Menschen kehren uns mit ihren schlechten Taten wie in einer Mühle von unterst zu oberst. Wir stinken schon wie die Pest».*[177] Dieses Bewußtsein von der Wechselwirkung zwischen menschlichem Handeln und Umwelt ist eines der vielen Merkmale, die Hildegards Werke gegenüber zeitgenössischen hervorheben und sie so erstaunlich modern erscheinen lassen. Der Mensch ist nicht nur für sich und seine Taten verantwortlich, sondern auch für die Wirkung, die er durch seine Handlungen auf die Natur hat.

Das ist genau das Thema der Variationen im vierten bis sechsten Teil, und Hildegard knüpft damit an ihre naturkundlichen Schriften an. Die Variante der Allegorie des vierten Teils erklärt die Selbstzerstörungssucht des Menschen in seiner Mißhandlung der Natur, weil *alles, was in den irdischen Geschöpfen gebildet wird, von der Erde abstammt. Sie selbst, die Erde, ist auch der Grundstoff des Werkes Gottes am Menschen, der seinerseits wieder die Materie für die Menschwerdung des Gottessohnes bildet.*[178] Neben den festen Bestandteilen (dem Element der «Erde») wird alles Irdische durch das Element des Wassers zusammengehalten, dem Thema der fünften Visionsvariante. *Die Wasser binden und halten alle Geschöpfe, da sie ihnen die Feuchtigkeit eingießen. Ohne Wasser würde nichts auf der Welt wachsen, noch vergehen, noch verteilt werden.* Die bio-

Buchillustration im Jugendstil von Hans Pfaff.
Aus «Das heilige Deutschland» von Aegidius Müller. Köln ^{3}1888, 2. Band

logische Einsicht wird sofort ins Symbolhafte (Reinigung, Taufe) ausgeweitet, weil für Hildegard das Physische nie ohne das Geistige erscheint: *So festigt auch die Seele den gesamten Organismus, weil sie mit der Glut des Lebenshauches das Fleisch belebt und den Leib zugleich zusammenfügt, solange sie in ihm weilt.*[179] Alle Schlechtigkeiten des Menschen wirken sich demnach nicht nur auf den Charakter des einzelnen aus, sondern sie zerstören zugleich die ganze Schöpfung. Das ist es, was das Werk des Teufels so verderblich macht, aber gleichzeitig auch dem Menschen einen handfesten Grund zum Widerstand bietet: Weil seine körperliche Existenz untrennbar mit der geistigen verbunden ist, kann ihn nur Tugendhaftigkeit vor dem physischen Untergang retten. Die letzte Visionsvariante deutet wie im *Scivias* in die Zukunft, auf das Ende der Welt, auf eine *geläuterte Erde*[180], auf himmlische Freuden und höllische Pein. *Ich achtete nun darauf, ob wohl noch weitere Laster oder vielleicht ähnliche Gestalten, wie ich sie vorher erblickt hatte, erscheinen würden; aber ich bekam jetzt nichts weiteres, das diesen Gebilden ähnlich war, zu sehen.*[181] Statt dessen wird die Allegorie der vier Elemente erklärt und mit den Tugenden in Verbindung gebracht: *Wie aber vier Elemente im Menschen sind, so befinden sich auch die Tugendkräfte Gottes im glückseligen Menschen, um ihn zum Guten hin zu lenken […]. Der Heilige Geist ist […] Feuer, das nie erlöschen kann […]. Er gibt in seiner Flamme den Menschen die Sprache […]. Die Luft mit ihren scharfen Kräften bezeichnet den Glauben, der ein Banner des Sieges ist […]. Das Wasser mit seinen vieltausendfachen Kräften ist ein Hinweis dafür, wie der Mensch seine Fehler verlassen und zu den Tugenden streben soll […] Die Erde mit ihren ausgeglichenen Kräften deutet darauf hin, daß der Mensch Gott seine irdischen Angelegenheiten anbiete, um dabei aus eigenen Stücken die Pracht dieses Weltalters zu verlassen.*[182] Mit dem Hinweis auf die Sprache als Geschenk des Heiligen Geistes knüpft Hildegard an ihre *Lingua ignota* an, so daß im *Liber vitae meritorum* alle ihre früheren Werke indirekt mit aufgenommen werden. Oft taucht im sechsten Teil auch das Motiv des Spiegels auf, weil die himmlische Pracht dem Menschen nur als Abglanz sichtbar wird. Bei der Beschreibung der Seligen und ihrer Freuden erklärt Hildegard schließlich mehrmals, *ihre sonstigen Bezeichnungen waren meiner Schau und meinem Verstande verborgen*[183].

Innerhalb dieses festen Rahmens werden die Laster und Tugenden in bunter Reihenfolge als Personen in Rede und Gegenrede aufgeführt. Damit knüpft Hildegard an den Wechselgesang (Antiphonen) im *Ordo virtutum* an. Diese Laster, von denen im ersten und dritten Teil jeweils sieben, im zweiten und vierten Teil acht und im fünften Teil fünf besprochen werden, bilden die Hauptelemente der Auslegung. Die Zahlensymbolik steht auch hier wieder im Vordergrund: Es gibt sieben Gaben des

Heiligen Geistes, aber auch sieben Todsünden; Christi Auferstehung wird als der achte Schöpfungstag bezeichnet, daher ist die Acht auch das Symbol der Wiedergeburt durch die Taufe.

Interessant ist, daß die dargestellten 35 «Laster» das ganze Spektrum von bloß harmlosen Gewohnheiten bis zum Mord umfassen. Sie kommen einzeln zu Wort und verteidigen sich so geschickt, daß man darin die Rechtfertigungen der Besten erkennt. Die Schlemmerei spricht zum Beispiel: *Gott hat alles geschaffen, warum also sollte ich es mir an irgend etwas fehlen lassen? Wüßte Gott nicht, daß man dies alles brauchte, so hätte Er es nicht gemacht [...]. Gott will, daß der Mensch für sein leibliches Wohl Sorge trage.*[184] Dem hält die Enthaltsamkeit entgegen, daß der Regen zwar fruchtbringend, die Überschwemmung aber verheerend sei.

Die Laster treten nicht hierarchisch gegliedert auf, sondern erscheinen in fester Beziehung zueinander, um anzudeuten, daß auch zunächst harmlose Schwächen zur Verstrickung in die Sünde führen können. *Die zweite Gestalt zeigt die Engherzigkeit, die alsogleich der Schlemmerei folgt [...]. Die dritte Gestalt zeigt die Gottlosigkeit, die jede Engherzigkeit begleitet [...]. Die vierte Gestalt zeigt die Lüge, die hier die Gottlosigkeit begleitet [...]. Die fünfte Gestalt zeigt die Streitsucht, die sofort der Lüge folgt [...]* usw.[185] Durch die paarweise Anordnung von Lastern und Tugenden wird die Wichtigkeit von Disziplin und Mäßigkeit hervorgehoben, da die Sünde nur eine Verzerrung des Guten ins Böse ist. Es erscheinen *genauso viele Laster, wie es auch Gaben des Heiligen Geistes gibt. Sie versuchen, auf jede nur mögliche Weise diesen Gaben Widerstand zu leisten. Aber sie kommen dennoch nicht zum Ziel, weil die Tugendkraft Gottes die Verkehrtheit des Satans ganz und gar überwindet.*[186] Hildegard zeigt sich über die Vielfalt der Möglichkeiten zur Sünde wohlinformiert. Besondere Strafen und Bußen werden für Vergehen wie Kindesmord, Unzucht mit dem Vieh und für die *Verblendung der Zauberer* angewiesen[187], doch wird nirgends eine Strafe durch irdische Richter befürwortet. Gott, nicht der Mensch, ist der Rächer in seiner Schöpfung (Römer 12, 19).

Die kommentierenden und belehrenden Abschnitte werden durch Schriftauslegungen ergänzt. Immer wiederkehrende, sentenzartige Formeln festigen das Ganze: *Dies alles ist gesagt von den Seelen der Büßenden, die geläutert und gerettet werden wollen, und es ist die Wahrheit. Der gläubige Mensch achte darauf, und er eigne es sich an im Gedächtnis seines guten Gewissens.*[188] Ähnlich werden die Aussagen über die Strafen formelhaft bekräftigt: *Und ich hörte, wie die Stimme aus dem lebendigen Licht zu mir sprach: Was du siehst, ist wahr, und es ist so, wie du es siehst.*[189]

Damit ist diese Visionsschrift eine stark am kirchlichen Dogma und der Bibel orientierte «Predigt», die jedoch die herkömmlichen Formen durch Anreicherungen aus den Gebieten der Literatur, Musik, Naturkunde, Astronomie und Linguistik sprengt. Deutliche Anlehnungen an Hildegards eigene frühere Schriften geben dem *Liber vitae meritorum* die Prägung eines Gesamtkunstwerks, wie Hildegard ja auch die Schöpfung als solches verstand.

In der deutschen Übersetzung geht die gerade in diesem Buch sehr wichtige sprachliche Verkettung der Bilder und Symbole verloren, die auf Hildegards intensive Beschäftigung mit Zusammensetzung und Symbolik der Sprache in ihrer *Lingua ignota* zurückgreifen. Heinrich Schipperges macht in der Einführung zu seiner Übersetzung auf «die Prinzipien der Hildegardschen Exegetik» und die «aus Hildegards Visionen bekannten Schlüsselbegriffe» aufmerksam, die im *Liber vitae meritorum* «nunmehr mit ihren eigenen Leitlinien und Schlüsselbildern wiederholt werden sollen»[190]. Die etymologisch verwandten Begriffe «vir», «virtus», «virilitas», «viriditas», «virginitas», «virus» lassen die sprachschöpferischen Verbindungen in der Übersetzung mit «Mann», «Tugend», «Mannheit», «Grünkraft», «Jungfräulichkeit» und «Schleim» oder «Gift» kaum vermuten. Aber auch poetisch wirksame Wortkonstellationen wie *virtutes virium suarum* (VI, 6) sind in ihrer sprachlichen Beziehung durch das deutsche *Im Menschen wird Gott alles Vermögen Seiner Kräfte* vollenden[191] nur minimal erfaßt. Es ist Schipperges zu danken, daß er auf den großen Verlust an Wort- und Bildkraft des Originals aufmerksam macht, der jeder Übersetzung innewohnt.

«Liber divinorum operum» oder «Liber de operatione Dei» – «Welt und Mensch»

Diese letzte der Visionsschriften ist häufig untersucht worden und gilt als Hildegards «monumentalstes und reifstes Werk»[192]. Die sogenannte Kosmosschrift enthält alle Erkenntnisse der früheren Visionsschriften und erweitert sie durch Auslegung zu einem Gesamtbild der Schöpfung als beziehungsreiches Ineinandergreifen von göttlichen, menschlichen und elementaren Kräften. Auch die poetischen Kunstgriffe (Allegorie, Symbol, Formel und Sentenz, Farben- und Zahlensymbolik usw.) werden beibehalten und die Sinnbilder zum Teil mit neuen Bedeutungen angereichert. Variation einzelner Bilder der Schau und moralisches Bezugssystem bleiben Richtlinien des Inhalts. So behandelt sowohl die dritte wie die vierte Schau *das Firmament*, in der dritten werden jedoch Luft und Wind, in der vierten Feuer und Wasser in ihrer Wirkung auf den Menschen und seine Umwelt besprochen. Das Werk ist trotz der Kürzungen und Straffungen des Bearbeiters von einer «stellenweise ermü-

Die Weltkräfte/Der Kosmosmensch. Dritte Vision im «Liber divinorum operum», um 1230. Lucca, Biblioteca Statale, Cod. lat., Ms 1942, fol. 28v

denden Weitschweifigkeit des Stils und [...] uferlosen Wiederholungen im Gedankengang»[193] gezeichnet, die Hildegards vorgeschrittenes Alter bei der Niederschrift bezeugen. Auch hier geht in der Übersetzung das sprachliche Beziehungsgeflecht von Alliteration und Stammsilbensymbolik verloren, das in diesem Buch noch reicher entfaltet ist als in den vorhergehenden Schriften. Das Werk hat durch die Zeiten seine anregende Kraft nicht verloren, die Fülle des Wissens und die poetische Erfindungsgabe Hildegards überraschen auch heute.

Die Kosmosschrift ist in drei ungleiche Teile gegliedert, von denen der erste vier, der zweite nur ein und der dritte Teil fünf Kapitel (Visionen) umfaßt. Die einzelnen Teile sind durch dieselbe Formel am Ende der Kapitel gekennzeichnet. Teil I bestätigt Hildegard wieder als Sprachrohr Gottes: *Jeder Mensch, der Gott fürchtet und liebt, öffne daher voll Hingabe diesen Worten sein Herz und wisse, daß sie zum Heil des Leibes und der Seele nicht aus Menschenmund verkündet sind, sondern durch Mich, der Ich bin.*[194]

Der von Hildegard beschriebene Gott ist ein Vernunftwesen. Es hat *alles Leben seine Wurzel in Mir. Die Vernunft ist die Wurzel,* spricht Gott[195]; und als *Gott sprach: «Es werde Licht», entstand das geistige* Licht.[196] Wenn geschrieben steht, «Im Anfang war das Wort», so bedeutet das: *Ich bin Tag aus Mir selber [...]. Ich bin die Vernunft,* aus der *alles vernünftige Wesen atmet [...]. Danach sprach Ich Mein kleines Werk, das der Mensch ist, in Mich hinein [...], weil mein Sohn das Gewand des Fleisches als Mensch annehmen wollte. Jenes Werk habe Ich aus Meiner Vernunft geistig ausgestattet.*[197] Eine Fülle von Begriffen der unterschiedlichsten Art (Gott, Wurzel, Vernunft, Licht, Geist, Tag, Werk, Mensch, Inkarnation) wird hier auf einen Nenner gebracht, um die Idee des ein und alles auszudrücken, die ein Hauptpunkt der ersten vier Kapitel ist: Die gesamte Schöpfung ist eine sich in allen Teilen ergänzende Einheit, eine *vita integra*, das zusammenwirkende, ungeteilte Leben, Gott selbst und alles in Gott. Sprachlich drückt Hildegard dies in der Synästhesie aus: *Ich bin das ganz heile Leben [vita integra]: nicht aus Steinen geschlagen, nicht aus Zweigen erblüht [...]. Vielmehr hat alles Leben seine Wurzel in mir. Die Vernunft ist die Wurzel, das tönende Wort erblühet aus ihr.*[198] Die Verknüpfung von Musik, Schrift und Schaffenskraft als Vernunftprodukte, ausgedrückt in dem Bild *das tönende Wort erblühet*, ist eine von Hildegards sehr modern wirkenden Sprachschöpfungen. Als Abstraktionen dem realen Bezug enthoben, vermitteln sie weitreichende Sinnverknüpfungen und Interpretationsmöglichkeiten. Das Sprachbild kann zum Beispiel die Schöpfung Gottes, die Menschwerdung Christi und Hildegards eigene Produktion versinnbildlichen. Eine solche überzeitliche «unendliche Deutbarkeit» ist ein Merkmal heiliger Schriften und Prophezeiungen im allgemeinen, auf ihm beruht ihre Bedeutung für jede neue Generation.

Das *Ich bin* der ewig wirkenden Gottheit schließt *unbegrenzt alles in sich* ein.[199] Doch die Sünde bewirkt eine Spaltung: *[...] so war auch die*

Die Vertreibung aus dem Paradies. Holzschnitt von Heinrich Quentell
aus der «Kölner Bibel», 1479

Erde durch die Mordtat des Kain ihrer heiligen Ganzheit beraubt.[200] Wie zeitlos gültig diese Idee im menschlichen Bewußtsein ist, braucht nicht im einzelnen erörtert zu werden. Der Verlust der Gottnähe durch die Sünde manifestiert sich nicht nur mehrfach in den Schriften des Alten und Neuen Testaments (Vertreibung aus dem Paradies, Möglichkeit seiner Wiedererlangung durch die Sühne Christi usw.), sondern auch in der Symbolik der Weltreligionen, in den Philosophien und Literaturen vieler Völker. Die Wirkung des Schuldgefühls auf das körperliche Wohlbefinden des Menschen formuliert Hildegard so: *Denn auch der Mensch im wechselnden Glück der irdischen Dinge verhält sich angesichts des göttlichen Strafgerichts wie ein Bär in seinem körperlichen Schmerz. Er erlaubt dem Menschen nicht, nach seinen Gelüsten auszubrechen, zwingt ihn vielmehr zu innerer Demut und läßt ihn so auf rechtem Wege wandeln.*[201] Hier wird Ungehorsam gegen Gott (Sünde) mit Krankheit und Schmerz in Verbindung gebracht, wie sie es selbst erlebte, als sie sich anfänglich weigerte, ihre Visionen mitzuteilen: *[...] ich weigerte mich zu schreiben [...] bis Gottes Geißel mich auf das Krankenlager warf.*[202]

Die Kennzeichen der *vita integra*, des «gesunden», ungestörten Lebens, sind Maß und Gleichgewicht. Sie bilden den zweiten Hauptpunkt des ersten Buches und sind Merkmale des Göttlichen und der Seele, die *mit der umsichtigen Vernunft alles Werk des Menschen ordnet und plant*[203].

Diese Verknüpfung des Seelischen mit der Vernunft trennt Hildegard von den Mystikern. Maß zu halten und ausgewogen zu sein wie die Architektur sind die seelischen und körperlichen Eigenschaften des Menschen, die ihn mit der Schöpfung verbinden, denn *Gott hat den Menschen nach dem Vorbild des Firmaments geformt*[204]. Dafür bringt Hildegard konkrete Beispiele. Die *Länge der menschlichen Gestalt und ihre Breite sind, wenn er Hände und Arme gleichmäßig von der Brust ausstreckt, gleicher Größe*[205]; am Kopf sind *von der Oberfläche des Schädels bis zur Stirn [...], von der Stirn bis zur Nasenspitze [...], von der Nase bis zur Kehle* die gleichen Proportionen zu bemerken[206]; von *jedem Oberarm bis zu beiden Ellenbogen und von beiden Ellenbogen bis zur äußersten Spitze des Mittelfingers jeder Hand besteht das gleiche Maß*[207] usw. Ebenso geordnet und mathematisch ausgewogen ist das All mit Sternen und Planeten und ebenso ist es die gesunde Seele. *Und wie Gott das riesige Instrument des Weltalls nach ausgewogenen Maßen gemessen hat, so hat er dementsprechend den Menschen in seiner kleinen kurzen Gestalt abgemessen [...]. Und wie Gott die Natur im Menschen geordnet hat, so auch die Zeiten des Jahres.*[208] Das Zusammenwirken des Kosmischen (Raum) und Irdischen (Zeit) erklärt Hildegard mit dem Wechsel von Monaten und Jahreszeiten und deren Einfluß auf den menschlichen Körper.

Für Hildegard besteht ein Einfluß der Elemente und Gestirne auf den Menschen *zufolge seiner Säfteverfassung*, die ihm eine *veränderliche Existenz gibt* und *oftmals Krankheit oder Gesundheit* bedingt. *Wenn daher die Säfte im Innern des Menschen auf eine unnatürliche Weise erregt werden, [...] dann wird deren Feuchtigkeit vermindert, [...] weshalb sie dann einen dermaßen ausgetrockneten Menschen in eine Krankheit stürzen.*[209] Eingehend beschreibt sie die verschiedenen Einflüsse der Umwelt auf einzelne Organe des Menschen, wobei die Beziehung zur seelischen Verfassung stets gewahrt bleibt, denn die Seele als Ratio beherrscht die Gedankenwelt und bringt Maß und Ordnung oder Erregung und Chaos ins menschliche Leben. Die Kräfte der Seele bedingen *das Wissen um Gut oder Böse*, und diese Erkenntnis *geht durch die Kräfte der Seele aus dem Gehirn in richtigem Maße hervor.*[210] Wenn sich jedoch die Säfte *im richtigen Maß und in einem angemessenen Verhältnis durch die Glieder des Menschen ergießen, dann bleibt er in seinem Körper heil und blühend in der Erkenntnis des Guten und Bösen*[211]. Damit wird Gesundheit und Krankheit mit der moralischen Beschaffenheit des Menschen in Verbindung gebracht.

Die zweiten und dritten Teile des Buches, die jeweils durch eigene Schlußformeln gekennzeichnet sind, fassen die konkreten Erläuterungen des ersten Teils sinnbildlich zusammen. Im zweiten Teil (Kapitel V) beschreibt Hildegard die Vision einer in fünf Teile geteilten Erde, weil *auch der Mensch, den die Erde versinnbildlicht, durch die fünf Sinne, welche ihn beleben, zu allem, was er braucht, gefestigt und zum Heile seiner Seele hingeleitet wird*[212]. Die Fünfzahl wird als Zahl des Mikrokosmos Mensch bedeutsam: fünf Sinne, fünf Extremitäten (Gliedmaßen und Kopf), fünf Bücher Mose, von denen das erste dreifach ausgelegt wird (wörtlich, allegorisch, moralisch). Interessant ist die Darstellung des Irdischen als Stätte der Läuterung[213] und das allegorische Bild der Stadt als Stätte der Erlösung. Hildegard beschreibt, wie sich *unter Gottes Schutz eine aus lebendigen Steinen erbaute Stadt erhebt und ihr Antlitz dem Gerichte Gottes zuwendet, Ihm zum Ruhme, weil die gläubigen Seelen ständig Gott preisen*[214]. Bis zu diesem Zeitpunkt menschlicher Läuterung erkennt Hildegard viele Veränderungen in der gesellschaftlichen Ordnung: *[…] die Kirche – wie eine Witwe – wird zusammengeschlagen. Fürsten, Adlige und Reiche werden von ihren Untergebenen des Landes vertrieben und fliehen von Stadt zu Stadt. Der Adel wird vernichtet, und aus reich wird arm.*[215] In den stets perspektivisch abgewandelten Allegorien des Gebäudes, der Stadt und der «lebendigen» Steine spiegelt sich nicht nur die Wechselbeziehung aller Materie, sondern auch die Verknüpfung mit der Bilderwelt aus Hildegards früheren Werken.

Der dritte Teil ist durchgehend allegorisch und heilsgeschichtlich orientiert und knüpft mehrfach an den entsprechenden Teil im *Scivias* an.[216] Zu den interessantesten Motiven gehört die Beschreibung der allegorischen Stadt mit ihren Symbolen: *Und wiederum schaute ich: eine gewaltige Stadt. Sie war im Viereck angelegt und teils von einem besonderen Glanze, teilweise von gewissen Finsternissen ringsum wie von einer Mauer umgeben. Auch war sie mit einigen Bergen und Figuren ausgeschmückt.* Auf dem Gipfel eines der Berge leuchtet ein Spiegel. *In dem Spiegel erhob sich eine Taube mit ausgebreiteten Flügeln, als wolle sie auffliegen. Dieser Spiegel barg zahlreiche Geheimnisse in sich. Er entsandte einen Glanz von großer Breite und Höhe, in dem zahlreiche Mysterien und vielfältige Gestalten verschiedenster Figuren erschienen.*[217] Gerade in diesem Abschnitt sind in der deutschen Ausgabe Hildegards Erklärungen stark gekürzt worden. Das ist bedauerlich, weil Vogel- und Spiegelsymbole auch bedeutende Topoi in der zeitgenössischen Literatur sind. Das Motiv des Vogel- als Seelenfluges erscheint bei Hildegard zum Beispiel in Verbindung mit der Selbstbeherrschung und dem Maßhalten: *Ähnlich fliegt die Seele, indem sie den Leib zur Übereinstimmung bringt, in die Höhe des Himmels hoch wie ein Vogel in der Luft.*[218] Der Spiegel als Symbol einerseits für den Narzißmus (Selbstbespiegelung) und andererseits als Jungfrauen- oder Tugendspiegel, wie oben bereits angedeutet, ist ebenfalls in der Literatur des Mittelalters weit verbreitet.[219] In der neunten Vision erklären fünf Spiegel die Allegorie der Weisheit.[220] Das Spie-

Die Stadt Gottes. Siebte Vision im «Liber divinorum operum», um 1230.
Lucca, Biblioteca Statale, Cod. lat., Ms 1942, fol. 121v

gelsymbol hat oft auch die Bedeutung von Reflexion und Einsicht in das Seelenleben und sollte in *De operatione Dei* noch eingehender untersucht werden. Vogel, Flügel und Spiegel gehören zu den vordergründigsten Symbolen des dritten Teils.

Die Komplexität des Allegorie- und Symbolgeflechts hat Interpreten oft verwirrt. Vor allem Hildegards Behauptung, daß alle Flüsse vom Meer ausgehen, hat bei flüchtigen Kritikern Heiterkeit erregt. Zu ihrer Verteidigung schreibt Lynn Thorndike, da sie ihr ganzes Leben an der Nahe und am Rhein verbracht habe, müsse sie doch gewußt haben, in welcher Richtung stromabwärts sei. Vielleicht meine sie also, das Meer speise die Flüsse durch Verdunstung.[221] Im siebten Kapitel erklärt Hildegard die Allegorie jedoch anders: *Und so weilt wieder in Ihm der Eingeborene Gottes und der Sohn der Jungfrau, deren Name Meerstern ist (stella maris), von dem alle Flüsse ausgehen und zu dem sie wiederum zurückströmen, wie auch von diesem Eingeborenen Gottes das Heil aller Seelen kommt.*[222] Wasser (Fluß, Meer, Taufwasser) ist hier also im biblischen Sinn als Quell des ewigen Lebens gemeint (Johannes 7, 38).

Zahlreiche Wortschöpfungen und einfallsreiche Gedankenverknüpfungen bereichern den dritten Teil. Die Chiffre der unverständlichen Schrift, die eine sinnvolle, doch nicht entzifferbare Botschaft meint, deutet hier auf das schöpferische Wort Gottes: *Vor dem Angesicht dieser Gestalt erscheint eine Tafel […]. Ihre Schrift besagt, daß niemand die Gottheit […] voll zu erfassen vermag.*[223] In der *Lingua ignota* (siehe unten) hat Hildegard eine ihren Visionen entsprungene, unbekannte Sprache aufzuzeichnen versucht; doch ähnlich wie Gott hat auch der Teufel eine Geheimschrift: *Diese Schrift war früher in keiner Sprache gesehen oder erdacht. Luzifer erfand sie in sich selbst.*[224]

Hildegard erkennt auch den Raubbau an der Natur als Resultat menschlicher Habsucht: *Dementsprechend ging auch die grünende Lebenskraft der Erde in allem Keimen zurück, da der obere Luftbereich in eine andere Weise umgewandelt worden war, die seiner ersten Bestimmung widersprach.*[225] Es sind gerade solche Aussagen, die Hildegard für den modernen Menschen als Prophetin glaubhaft machen. Natürlich wußte sie nichts von der Ozonschicht, von der heutigen Wegwerfgesellschaft, und doch spricht sie mit diesen Worten direkt zu uns. In seiner Einführung erklärt Heinrich Schipperges: «Hildegard will den Reichtum der natürlichen Welt in einen Zusammenhang mit dem Gnadenleben bringen; sie will damit nicht nur ihrer Zeit einen Spiegel vorhalten, sondern jeden einzelnen Menschen ansprechen und in seiner jeweiligen Situation vor eine Entscheidung stellen. Damit aber unterzieht sich die Seherin dem eigentlichen Amt des Propheten, der weniger vorauszusagen als vielmehr zu künden hat, der mit seiner Kundgabe den Menschen vor die Alternative stellt und darin eine verantwortliche Entscheidung fordert.»[226] Weil sie über Jahrhunderte hinweg so zu uns spricht, erscheint sie uns «modern», und wir erkennen uns im Spiegel ihrer Einsichten. *In jenen Tagen tat ein jeder das, was ihm paßte. Daher ist mit diesen Menschen die Kirche vereinsamt wie eine Witwe, die den fürsorgenden Trost ihres Mannes entbehrt und die nicht mehr den rechten Stab der Leitung hat, auf den die Menschen sich stützen. Verkehrte Krämer kamen, die mit der Habsucht nach Geld Meine Kinder in die Täler streuten […]. Wie gierige Wölfe taten sie das, die den Spuren der Schafe nachstellen, die geraubten Schafe verschlingen und die, die sie nicht zerfleischen können, verjagen.*[227] Doch die Worte des Trostes fehlen nicht. Am Ende der Zeiten wird eine Neubelebung erfolgen: *Wenn an diesem Tage sogar die Elemente, mit denen der Mensch gesündigt hatte, gereinigt werden, dann wird auch der Mensch selber vom Tode erweckt werden.*[228]

Der sprachliche Ausdruck wird in *De operatione Dei* stark von Farbensymbolik und Synästhesie geprägt: die *goldene Zahl* der Märtyrer, *die im Rot ihres Blutes wie Gold glänzen*[229], gehört ebenso zur *vita integra* wie folgende erstaunliche Gedankenverkettung: *Die Vernunft aber spricht mit dem Ton, und der Ton ist gleichsam der Gedanke und das Wort gewissermaßen das Werk.*[230]

Schließlich macht Hildegard sozusagen Reklame für die eigenen Werke in einem Absatz, der dichterisch gesehen als Autoreinschub betrachtet werden kann. Zugesprochen wird er der *Weisheit*, die ihr Werk betrachtet, *indem sie etwa durch die genannte ungelehrte Frau gewisse «natürliche Kräfte verschiedener Dinge» (virtutes naturales diversarum rerum), ferner Schriften über «das verdienstliche Leben» (scripta vitae meritorum) und gewisse andere tiefe Geheimnisse offenbar machte, die diese Frau in wahrer Vision erschaute, wobei sie sehr geschwächt wurde*[231]. Im Epilog bezeichnet Hildegard schließlich die dritte Visionsschrift als Wort Gottes in der Tradition biblischer Offenbarungen: *Das Buch des Lebens aber, das eine «Schrift des Wortes Gottes» ist, […] hat diese Schrift nicht durch eine Lehre menschlicher Erkenntnis herausgegeben, sondern wunderbar durch eine einfältige und ungebildete Frau.*[232]

Die Visionsschriften Hildegards sind nicht nur für die katholische Kirche wertvoll, sondern sie sind auch künstlerische und naturkundliche Meisterwerke, die einen wichtigen Beitrag zur Kulturgeschichte leisten. In diesem Sinn sind sie bis heute nicht genügend gewürdigt worden.

Die Lieder

«Anima symphonialis est» – «Die Seele des Menschen ist symphonisch gestimmt»

Als das Mainzer Domkapitel 1179 das Rupertsberger Kloster der damals einundachtzigjährigen Äbtissin Hildegard von Bingen mit dem Interdikt belegte, kostete man die Süßigkeit der Rache aus. Denn wie ein altes Ehepaar in langjährigem Hadern und Rechten die Schwächen des Partners erprobt, so kannten die Mainzer Prälaten die empfindlichste Strafe für die eigenwillige Nonne. Hildegards Weigerung, den Leichnam eines auf ihrem Klosterfriedhof bestatteten Edelmanns zu entfernen, hatte den Verlust der öffentlichen Feier des Offiziums, der Kommunion und des Glockengeläuts zur Folge.

Hildegard, die sich selbst als *Posaunenklang vom lebendigen Licht*[233] bezeichnet, schreibt in ihrem Protestbrief, sie und die Schwestern seien durch das Interdikt von *großer Bitternis getroffen [...] zurückgehalten von so ungeheuerlicher Härte und lange unterdrückt von so schwerer Last der Autorität*[234]. Der Brief enthält auch ihre Beweggründe für die Verwendung der Musik im Gottesdienst und eine Erklärung der Grundlagen ihres Kunst- und Musikverständnisses, die für die Wertung ihrer Kompositionen wichtig ist.

Hildegard nennt ihre Lieder *symphonia harmoniae coelestium revelationum* (*Symphonie der Harmonie himmlischer Offenbarung*) nicht nur, weil der Klang auch ohne Sprache gewisse Gefühle, Empfindungen und Gemütsbewegungen hervorruft, sondern weil die Musik den Menschen mit dem göttlichen Schöpfungsakt selbst verbindet. Der Atem Gottes, der Adam die Seele einhauchte, ist auch der Atem, der im musikalischen Opfer Gott das gebührende Lob zurückgibt. Im Gesang nimmt der Mensch wieder ein wenig an jener kosmischen Harmonie teil, die ihm durch den Sündenfall verlorenging und ihn daran erinnert, daß *die Seele der himmlischen Harmonie entstammt*[235]. Dabei bezeichnet Hildegard den Traum als eigentliches Leben: *Adam aber hatte den Gleichklang mit der Stimme der Engel, den er im Paradies besaß, verloren und ist – wie einer, der beim Erwachen aus dem Schlafe von dem, was er im Traum geschaut, nichts oder nur Unsicheres weiß – dem Erkennen, mit dem er vor der Sünde begabt war, entschlafen.*[236] Mit dem Oxymoron des Entschlafens ins Bewußtsein ist Hildegard sieben Jahrhunderte vor der Entdeckung des Unbewußten ein genialer Wurf gelungen.

Aber nicht nur der Gesang, sondern auch Dichtung und Instrumentalmusik sind göttlichen Ursprungs: *Denn alle Künste, die dem Nutzen und der Notdurft der Menschen dienen, sind von dem Hauch ersonnen, den Gott in den Leib des Menschen gesandt hat.*[237] Daher sollen die Sinne des Menschen durch das harmonische Zusammenspiel der einzelnen Komponenten angesprochen werden: das Auge durch die Form der Instrumente, Gebärde und Mimik des Vortragenden, Darstellung der Szene, wie zum Beispiel im *Ordo virtutum*; das Ohr wird durch die Klangfarbe der Stimmen und Instrumente und durch die Gestaltung der Melodie angeregt, in die Hildegard Elemente des römischen Chorals und der volkstümlichen Musik mischt[238]; der Geruchssinn empfängt die Düfte von Gewürzen und Ölen wie Weihrauch und Myrrhe bei den Opferfestlichkeiten; der Geist wird durch die poetische Gestaltung der Sprache, den Rhythmus, die Form und den Ausdruck der Worte in ihrer symbolischen Bedeutung engagiert. Die Symbolik der himmlischen Harmonie ist bei Hildegard in allen Phasen menschlicher Produktivität von überragender Wichtigkeit: Musiker bringen *die Melodie […] in entsprechenden Biegungen der Finger zur Darstellung, so daß sie auch hierin sich Adams erinnerten, der durch den Finger Gottes, den Heiligen Geist, gebildet ward und dessen Stimme vor dem Sündenfall in vollem, harmonischem Klang die Lieblichkeit aller Musikkunst in sich trug*[239].

Schon Hildegards Zeitgenossen waren von ihrem musikalischen Talent beeindruckt. So heißt es in einem Brief, der Odo von Soissons, Magister in Paris und später Bischof von Tusculum, zugeschrieben wird: «Man sagt, daß du […] vieles schaust und durch Schriften hervorbringst sowie neue Liedweisen erfindest.»[240] Wenn man heute als Musikliebhaber die auf Kassetten und CD erhältlichen Lieder und den *Ordo virtutum* Hildegards hört, wird man sie kaum vom «Cantus planus» der Gregorianik unterscheiden können. Das zeitgenössische Ohr empfand die Andersartigkeit ihrer Musik jedoch deutlich.

Musikwissenschaftler sind sich über die Komponistin und die Merkmale ihrer rund 80 Vokalkompositionen und der 85 Antiphonen des *Ordo virtutum* einig: Hildegards musikschöpferische Tätigkeit ist ein «Phänomen, das in der Musikgeschichte einmalig dasteht», denn sie «hat als einzige Frau des deutschen Mittelalters ein umfangreiches und in sich geschlossenes Musikwerk geschaffen, in dem sie kühn eigene Wege be-

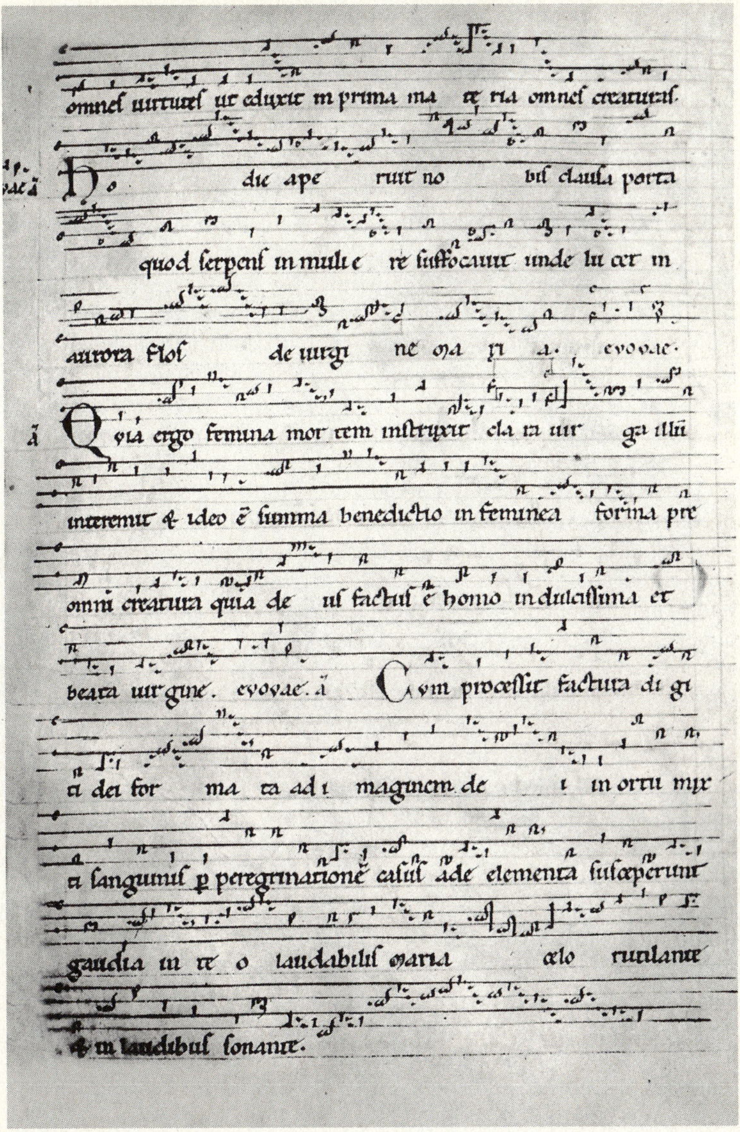

Hildegard-Liedhandschrift, vor 1175. Dendermonde, Cod. 9, fol. 157a

schreitet. Sie umgreift darin ein für die damalige Zeit im Umbruch befindliches ‹modernes› Tonalitätsempfinden – Dur und Moll – und schafft damit etwas Neues.»[241] Ihr neuer Gesangsstil manifestiert sich vor allem in der prominenten Rolle, die sie Grundton und Oberquint zuweist, so daß primäre und sekundäre Tonarten deutlich werden, manchmal durch die Hervorhebung des Tritonus wie in *O lucidissima*. Sie überschreitet in ihren Kompositionen den im Mittelalter gebräuchlichen modalen Tonaufbau so weit, daß ihre Lieder «der einen oder anderen Tonart» der Neuzeit zugezählt werden können.[242] Das ist es vor allem, was uns an ihren Kompositionen so modern anmutet. Sie hat diese Modernität, die nichts anderes als eine Abweichung von zeitgenössischen Kunstnormen ist, mit vielen späteren Komponistinnen und Schriftstellerinnen gemein, die wie Hildegard *indocta* waren. Das heißt, sie erhielten keine formale Schulung und beschränkten sich in ihrer künstlerischen Tätigkeit auf ihr eigenes ästhetisches Formgefühl, das weder dem wechselnden Zeitgeschmack noch den Theorien der Fachgelehrten verpflichtet war.

Abweichend von der Gregorianik, wo die Musik vor allem als Gedächtnisstütze für den liturgischen Text dient, komponiert Hildegard auch ihre Melodien. Sie überschreiten manchmal weit die gewöhnlichen Grenzen der Singstimme und setzen sich aus «verschiedenartigen Variationen und Kombinationen einer Grundmelodie» zusammen, so daß sie «dadurch eine nahezu improvisatorische Wirkung» gewinnen.[243] Hildegards «hochentwickelte Kunst der Variation»[244] und ihr «höchst individueller und unorthodoxer Musikstil»[245] ist auch in ihren Hymnen bemerkbar, die formal «die freiesten Gesänge»[246] und weder metrisch noch strophisch gebunden, sondern durchkomponiert sind. Dieses Verfahren erlaubt der Komponistin die größtmögliche Anpassung an den Text: Jede Strophe erhält eine neue, der sprachlichen Aussage angemessene Melodie.

Kombination, Auflösung, Variation, Wiedervereinigung auf anderer Ebene, Sprengung der gegebenen Form, Setzung eines Bezugs des Musikalischen zu anderen Kunstformen – diese Eigenart von Hildegards Kompositionsprinzip basiert letzten Endes auf dem philosophischen Theorem der untrennbaren Einheit von einzelnem und ganzem, das alle ihre Werke (nicht nur die musikalischen) durchzieht und das sie als das göttliche Schöpfungsprinzip erkennt. Treibende Kraft dieses Prinzips ist die *viriditas* oder «Grünkraft», die als Symbol der Lebens-, Wachstums- und Schaffenskraft sprachlich ein weites Assoziationsfeld beherrscht. Die lateinische Stammsilbe des Terminus ergreift mit ihrem Symbolgehalt so grundverschiedene Konzepte, Eigenschaften und Handlungen wie «virtus», «virilitas», «virginitas», «vis», «vir», «vivere», «virescere», «vigere» usw. Mit diesem linguistischen Lösungs- und Losungswort «vir» gelingt Hildegard die Konkretisierung des Unfaßbaren: die Jungfrau (virgo) als Schöpferin; Maria (virgo und virga), das grünende Reis, als Gebärerin des Gottesmenschen (vir): *[...] et comprehendimus te in superna caritate et in virginea virga nativitatis tuae [...].*[247]

Hildegard als künstlerisch Schaffende ist symbolisch gesehen eine Tochter dieser *virga*. Die Erkenntnis der großen Bedeutung, die der Assoziationskomplex «vir» für Hildegard hatte, erklärt die Sorgfalt, mit der sie die Texte zu ihren Kompositionen wählte. Sie stammen entweder aus ihren eigenen Werken oder wurden von ihr speziell für das betreffende Lied gedichtet.

Eine besondere Stellung nimmt in diesem Zusammenhang der *Ordo virtutum* ein. In diesem geistlichen Singspiel, einem «der ersten lateinischen Dramen auf germanischem Boden»[248], wird das Konzept der Lebenskraft mit dem Begriff der Tugend vereint. Die «virtutes» (Tugenden) sind daher nicht nur für das Seelenheil wichtig, sondern durchaus auch für das körperliche Wohlbefinden des Menschen auf Erden. Kraft ist Tugend und Tugend ist Lebenskraft. Dies wird bildlich und musikalisch im dramatischen Kampf der Tugenden mit dem Teufel um die menschliche Seele dargestellt. Hildegards Symbolsprache verlangt hier «eine Empfindlichkeit des Bewußtseins für den Sinn ihrer Worte», der die Instrumente «in ganz besonderem Maße als Träger von Themen, Rollen, seelischen Zuständen und einzelnen Aktionen» bestimmt.[249] Den individuellen Klangfarben der mittelalterlichen Saiteninstrumente, die Hildegard bezeichnet, entspricht ein psychologischer Zustand der umkämpften Seele: Die Fiedeln begleiten ihre Klagelieder, Harfe und Psalter unterstreichen ihre Glückseligkeit nach ihrer Rettung. Die Flöte suggeriert die Gegenwart Gottes, begleitet den Gesang der «scientia Dei» (der Gotteserkenntnis) und der geläuterten, zu Gott zurückgekehrten Seele. Mit diesem genialen Einfall hat Hildegard den Weg zur psychologischen Komponente des musikalischen Leitmotivs gefunden.

Im Gegensatz zu den *Virtutes* und der *Anima*, die sich trotz ihrer Verfehlungen an den himmlischen Harmonien noch erfreuen kann, kennt der Teufel als Antichrist weder Gesang noch Harmonie. In Hildegards musikalischem Werk wird ihm jede Melodie versagt, ja sie schreibt ihm darüber hinaus eine schrille Stimme zu. Diese Idee der Disharmonie und ästhetischen Öde des Bösen findet sich im Lauf der Jahrhunderte immer wieder, zum Beispiel in den Werken von Luther[250], Cervantes[251] und Johann Gottfried Seume[252]. Im Volkslied heißt es: «Wo man singt, da laß dich ruhig nieder. Böse Menschen haben keine Lieder.»

Man hat auch bemerkt, daß «eine große Anzahl von Liedern zwei Frauen gewidmet» ist, nämlich der Jungfrau Maria und der hl. Ursula.[253] Von den 77 Liedern Hildegards haben 16 die Jungfrau Maria zum Thema, 13 die 11000 Jungfrauen der Ursula-Legende und drei «Jungfrauen» ohne nähere Bezeichnung. Hier steht Hildegard nicht nur innerhalb kirchlicher Gepflogenheiten, sondern auch einer literarischen Tradition, die sich nicht einfach durch die staufische Minnelyrik oder den Marienkult erklären läßt. Zwar wird im Minnesang, der weltlichen Lyrik des 12. bis 14. Jahrhunderts, die «frouwe» als unerreichbares Idealbild der Weiblichkeit verehrt und im Marienlied seit dem frühen Christentum die jungfräuliche Himmelskönigin besungen. Das sind aber nur zwei Aspekte einer höchst komplexen Thematik.

Grundsätzlich wird im mittelalterlichen Jungfrauenkult die ungebrochene physische Stärke der Jungfrau bestätigt, die sie dem Mann überlegen macht. Symbol dieser Unversehrtheit ist das Hymen. Die Sequenz *O virga ac diadema*, Hildegards Lieblingslied, ist ein Beispiel:

O Jungfrau [...] verschlossen bist du wie eine Rüstung.
Du sproßt und blühst auf andre Art als Adam, der alles
Menschliche produzierte [...] aus dir ging ein anderes
Leben hervor, als Adam seine Kinder aussetzte.[254]

Die Liederausgabe übersetzt *sicut lorica* mit *einer Brünne gleich*, das heißt, einem mittelalterlichen Panzerhemd. Hildegards Maria ist kein schüchternes Fräulein, sondern eine geharnischte Kämpferin, die Adam an Zeugungskraft übertrifft. Für diesen Jungfrauenkult gibt es zahlreiche Beispiele in Mythologie, Literatur und Legende[255], die sich bis ins ausgehende Mittelalter verfolgen lassen.

Seit dem 5. Jahrhundert n. Chr. erscheint auch in verschiedenen Darstellungen die Legende von Ursula und den 11000 Jungfrauen. Danach soll Ursula, Tochter eines englischen Königs, um der bevorstehenden Ehe zu entgehen, 11000 Jungfrauen um sich versammelt und mit ihnen eine Wallfahrt nach Rom unternommen haben. Auf dem Rückweg nach England wurden diese «geistlichen Amazonen»[256] am Rhein in der Nähe von Köln 452 von den Hunnen überfallen und niedergemetzelt. Mitte des 12. Jahrhunderts verbreitete sich aufgrund der visionären Aussagen der mit Hildegard befreundeten Nonne Elisabeth von Schönau[257] auch die künstlerische Darstellung der beliebten Legende. Hildegards Ursula-Lieder betonen den Verzicht auf die Ehe und die heldenhafte Reise der Frauen ins Ungewisse. Das ist insofern bedeutend, weil die Gesellschaft der Frau bis ins 19. Jahrhundert das Reisen ohne männliche Begleitung aus Schicklichkeitsgründen untersagte:

[...] aus Liebe zum Lamme hat sie auf irdische Hochzeit
verzichtet. Denn dieses so keusche und herrliche Heer
hat mit jungfräulichem Haar das Meer überquert.
O wer hat wohl je so Großes vernommen?[258]

Das Martyrium der hl. Ursula und der 11000 Jungfrauen.
Mittelbild des Ursula-Altars von Jörg Breu d. Ä., um 1522/27. Dresden, Gemäldegalerie, Alte Meister

Die romanische Kirche Sankt Ursula in Köln ist dieser Heiligen und den 11000 Jungfrauen gewidmet.

Daß Hildegard, deren Name «Schutz im Kampf» bedeutet, in ihrem Kloster selbst eine Art des Jungfrauenkults praktizierte, geht aus dem kritischen Brief der Meisterin Tengswich in Andernach hervor. Sie verlangt Rechenschaft von Hildegard, warum ihre Nonnen «an Festtagen beim Psalmengesang mit herabwallendem Haar im Chore stehen und als Schmuck leuchtend weiße Seidenschleier tragen [...]. Auf dem Haupt haben sie goldgewirkte Kränze, in die auf beiden Seiten und hinten Kreuze und über der Stirne ein Bild des Lammes harmonisch eingeflochten sind. Auch sollen die Finger der Schwestern mit goldenen Ringen geschmückt sein.»[259] Tengswich ist deutlich durch das prunkvolle Festgewand der Nonnen irritiert, obwohl Priester und Bischöfe üblicherweise bei Kirchenfeiern derartige Gewänder tragen. Hildegard erklärt diesen Schmuck in einer den 11000 Jungfrauen gewidmeten Sequenz symbolisch mit dem Glanz der Kirche: Ihre Augen sind wie Saphire, die Nase wie Myrrhe und Weihrauch, und in vollem Chor wird das Lamm Gottes besungen, *das den Rachen der alten Schlange durch diese Perlen [= die Jungfrauen] des Gottesworts erstickte*[260].

Diese Betonung der jungfräulichen, erst durch die Heirat gebrochenen Stärke, die in Mythologie, Literatur und Legende, in Hildegards Musik und ihren Festen zum Ausdruck kommt, ist noch immer in der christlichen Hochzeitssymbolik verankert. Myrtenkranz und Ring sind vorchristliche Symbole der Unversehrtheit, ebenso der weiße Schleier der Braut, der für den Kuß am Altar gehoben wird, wie überhaupt die Farbe Weiß die jungfräuliche Unschuld der Braut darstellen soll.

Die uns heute so fremd gewordenen und Hildegard so selbstverständlichen Riten und Formen des Kultus sind mit der damaligen Stellung der verheirateten Frau in der Gesellschaft erklärbar. Durch die Heirat wurde die Frau Eigentum des Mannes. Er verfügte über ihre Mitgift, ihre Arbeitskraft, ihren Körper, ihre Kinder, und sie verlor jedes Recht auf Eigeninitiative, auf finanzielle und rechtliche Selbstbestimmung. Noch im späten 18. Jahrhundert anerkannte der Staat «nur Bürger, aber eigentlich keine Bürgerinnen»[261], und das Erziehungsziel für Mädchen war ihre «Gewöhnung an Abhängigkeit»[262]. Die Ehe brachte für die Frau im Mittelalter nicht nur die rechtliche, sondern auch die physische Abhängigkeit durch den Geschlechtsverkehr. Die Geburt zahlreicher Kinder schwächte sie körperlich, fehlende Hygiene und gynäkologische Kenntnisse führten oft zu ihrem vorzeitigen Tod in der Schwangerschaft oder im Kindbett, denn die «Behandlung der Unterleibserkrankungen der Frauen lag [...] nach alter Sitte und Tradition in den Händen der Hebammen» und anderen Frauen «von sehr verschiedenem Wissen und Bildungsgrad».[263]

Demgegenüber besaß Hildegard als Jungfrau, Braut Jesu und Äbtissin-Mutter eine weitgehende Autonomie über ihren Körper, ihre Handlungen, ihre Güter, ihre Schaffenskraft und ihre Töchter, solange sie der Kirche Gehorsam leistete. Kein Wunder, daß die gebrechliche alte Frau in der Kraft ihrer Jungfräulichkeit frohlockte und die Stärke der «virginitas» feierte und besang.

Aber solche, denen ihre Freimütigkeit schon lange ein Dorn im Auge war, fanden sie des Ungehorsams schuldig. Man nahm ihr das Liebste und stürzte die harmonische Seele in eine tonlose Welt. Zu Hildegards Erklärung, die Wiederaufnahme des exkommunizierten Edelmanns in die Kirche habe privat, nicht offiziell stattgefunden, verlangte man Zeugen. Sie mußten von weit her geholt werden. Erzbischöfe wurden in Köln und Rom bemüht. Hildegards Kampf um die Aufhebung des Interdikts wurde von beiden Seiten heiß und zäh geführt, denn das «Verhältnis von institutioneller Verfaßtheit und charismatischer Lebendigkeit ist [...] schwierig und voller Spannung»[264]. Erst kurz vor ihrem Tod siegte die Einundachtzigjährige über ihre Widersacher und durfte wieder singen.

Die natur- und heilkundlichen Schriften

Anders als Hildegards musikalisches Schaffen wurden ihre natur- und heilkundlichen Schriften sehr unterschiedlich aufgenommen: «Selten sind die Urteile über die Qualität, Leistung und Bedeutung eines Autors so divergent gewesen wie die angesichts [...] ihrer naturkundlich-medizinischen Werke.»[265] Diese Meinungsverschiedenheiten lassen sich grundsätzlich auf drei Probleme zurückführen: die unzulängliche Quellenlage, die Spaltung zwischen medizinischer Theorie und praktischer Heilkunde und Hildegards auf einer heilsgeschichtlich orientierten Kosmogonie beruhenden Interpretation ihrer Umwelt.

In ihrem Vorwort zum *Liber vitae meritorum* führt Hildegard ausdrücklich auch ihr naturkundliches und musikalisches Werk als Ergebnis ihrer Schau an: *Es war das erste Jahr, nachdem dieses Gesicht mir folgende Schriften zu erklären gegeben hatte: «Die Feinheiten der verschiedenen Naturen der Geschöpfe», [...] die «Sinfonie der Harmonie himmlischer Offenbarungen» und «Die unbekannte Sprache».*[266] Die erstgenannte Schrift, *Subtilitates diversarum naturarum creaturarum*, die ihre naturkundlich-medizinischen Werke zusammenfaßt, ist nicht erhalten. Überliefert sind zwei von Autoren des 13. Jahrhunderts ergänzte Teile, die in den Akten des Kanonisationsprotokolls von 1233 als *Liber simplicis medicinae* und *Liber compositae medicinae* angeführt werden. Der Erstdruck des *Liber simplicis medicinae* wurde 1533 von dem Buchhändler J. Schott besorgt[267], der ihm den Titel *Physica* gab. Diese Ausgabe in vier Büchern geht vermutlich auf eine Handschrift des Kanonikus Bruno von Straßburg zurück.[268] Hildegards *Physica* enthält die naturkundlichen Schriften, die in den drei stark voneinander abweichenden Wolfenbütteler, Brüsseler und Pariser Manuskripten erhalten sind. Die Pariser Handschrift mit ihren neun Büchern bildete die Vorlage für den meist zitierten Textabdruck bei Migne.[269] Im Unterschied zur *Physica* ist der *Liber compositae medicinae*[270] nur in der Kopenhagener Handschrift erhalten. Dieses heilkundliche Werk Hildegards wird seit Kaisers Edition *Causae et curae* genannt.[271] Die komplizierte Quellenlage verursachte jahrhundertelang Zweifel an Hildegards Autorschaft; die quellenkundlichen Untersuchungen von Schrader und Führkötter haben sie zumindest in den «für die Medizin in Betracht kommenden Partien»[272] endgültig zugunsten Hildegards bestätigt.

Ein weiterer Problemkreis ergab sich mit der Bildung von medizinischen Schulen und Theorien an den ersten Universitäten in Europa, die zu einer grundsätzlichen Spaltung zwischen akademischer Medizin und heilkundlicher Anwendung praktischer Erfahrungen führte. Es entstand ein neuer Typus von Ärzten, der eine theoretisch-wissenschaftliche Ausbildung auf der Grundlage der griechisch-arabischen Medizin erhielt und die oft von Frauen praktizierte volkstümliche Heilkunde mißachtete. Da Frauen zum Universitätsstudium grundsätzlich nicht zugelassen waren, bedingte dies ihren Ausschluß von der wissenschaftlichen Weiterentwicklung und «schließlich die grausame Verfolgung der weisen Frauen in den Hexenverfolgungen [...]. Einzig für Montpellier und vor allem für Salerno läßt sich noch eine umfangreiche medizinische Tätigkeit von Frauen nachweisen.»[273] Bis ins 20. Jahrhundert haben Medizinhistoriker versucht, Hildegard als erste deutsche Ärztin auszugeben und in ihren Schriften Einflüsse antiker Quellen (Plinius, Claudius Galenus u. a.), des Constantinus Africanus, der Salernitanischen Medizin usw. nachzuweisen. Riethe, Jessen, Schipperges u. a. haben eine Abhängigkeit überzeugend widerlegt.[274] Wie die neuere Quellenforschung zeigt, hatte Hildegards Sekretär überdies die Freiheit, Pauschalhinweise auf Ärzte und Philosophen eigenständig hinzuzufügen, um Hildegards Ansehen zu erhöhen.[275] Auch spätere Bearbeiter bis ins 13. Jahrhundert haben ebenfalls in diesem Sinn in die Texte eingegriffen.

Um das medizinisch-naturkundliche Schaffen als eigenständiges Werk Hildegards verstehen und würdigen zu können, muß es im Kontext ihrer Zeit gesehen werden. Damit ist das dritte Problem angeschnitten: Hildegard hat mit ihrer eingehenden Kenntnis der lokalen Flora und Fauna und mit ihren selbständigen Beobachtungen der pharmakologischen Wirkung bestimmter Pflanzen Wesentliches zur Weiterentwicklung zeitgenössischen Wissens beigetragen. Sie arbeitete jedoch unter religionsphilosophisch und kulturell bedingten Voraussetzungen. Grundsätzlich basieren ihre natur- und heilkundlichen Schriften auf dem Gedanken, daß jeder Teil der Schöpfung auf jeden anderen bezogen ist und so am Ganzen mitwirkt. Gesundheit und Krankheit des einzelnen haben deshalb weit über sich selbst hinausreichende Konsequenzen: Wie jede noch so unscheinbare irdische Begebenheit auf den Kosmos einwirkt, so beeinflußt umgekehrt jede kosmische Konstellation die irdischen Verhältnisse. Mit dieser Sicht steht Hildegard in einer langen Tradition, deren Einwirkung bis in unsere Zeit fortdauert, die aber von Methoden und Konzepten der akademischen Wissenschaft grundverschieden ist und nicht mit ihr verglichen werden kann. Denn für Hildegard kann der Mensch erst dann gesunden, wenn er sich im Einklang mit Gott und Natur befindet.

«Physica»

Die *Physica* enthält Abschnitte über die Elemente und den Ursprung der Metalle sowie über Pflanzen, Bäume, Steine, Fische, Vögel, Tiere und Reptilien. Diese Mischung aus Hildegards eigenen Beobachtungen, ihren heilsgeschichtlich orientierten Symbolen, aus tradierten Hausmitteln, überlieferten germanischen Riten, gebetartigen Zauber- und Beschwörungsformeln und vertrauten Rezepten der Klostermedizin ist für den modernen Menschen verwirrend. Ein Vergleich mit literarischen Quellen der Stauferzeit zeigt aber[276], daß Hildegard mit ihren Konzepten und Methoden sich innerhalb des damaligen Allgemeinwissens bewegte und das Tradierte mit Selbstbeobachtetem bereicherte. Als Angehörige der adeligen Gesellschaft werden ihr auch «höfische» Sitten und Kultur nicht fremd gewesen sein.

Zu den literarischen Höhepunkten der höfischen Epik gehören Hartmann von Aues «Erec» (1180/85), Wolfram von Eschenbachs «Parzival» (um 1204) und Gottfried von Straßburgs «Tristan und Isolde» (um 1210). Die in diesen Epen propagierten ritterlichen Ideale der Ehre, Tugendhaftigkeit, Mäßigkeit und selbstlosen Liebe (Caritas und hohe Minne) sind den Lebensregeln der Benediktiner nicht unähnlich, und die dort vorliegenden Beschreibungen Heilkundiger erlauben eine seltene Einsicht in die damalige medizinische Praxis.[277] Auch diese literarischen Quellen belegen, daß Natur- und Heilkunde, Pharmakologie und Medizin im 12. und frühen 13. Jahrhundert noch nicht getrennte Disziplinen waren. Die Heilkundigen werden in den Epen als reife Frauen dargestellt, deren praktische Kenntnisse jene der Ärzte übertreffen.[278] Sie gehören ausnahmslos der sozialen Oberschicht an. Die Beschreibung von Famurgan im «Erec» bestätigt, daß die antike Elementenlehre[279] längst Allgemeinwissen geworden war und nicht mehr die Kenntnis bestimmter klassischer Quellen voraussetzte. Ebenso zeigt «Parzival», daß die Namensnennung klassischer Gelehrter ein allgemein beliebter Modus war, um die Bildung des Erzählers hervorzuheben.[280] Tatsächliche Kenntnisse des Autors über diese Personen und ihre Werke waren damit nicht verbunden. Die Methode der Heilkundigen ist die Beobachtung, die zur Erkenntnis führt, doch besteht auch der Glaube an wunderbare Heilungen[281], an magische Kräfte und Zaubertränke.

Hildegards naturkundliche Schriften bauen auf dieser traditionellen Grundlage auf. Im Buch über die Elemente beschreibt sie die Eigenschaften der verschiedenen Lüfte, Wasser und Erden. Jede Atmosphäre (die der Erde, des Mondes, der Gestirne) ist so erschaffen, daß sie *alle Wesen gemäß ihrer Natur am Leben erhält und bewegt*[282]. Über das Wasser sagt Hildegard einerseits aus, daß es aus einer *lebendigen Quelle* stammte, und andererseits, daß aus dem Meer die Flüsse zur Bewässerung der Erde entsprängen.[283] Diese Behauptungen haben viele verblüfft. Ihre Bemerkungen über den *lebendigen* Quell und die Heil- und Reinigungskraft des Wassers, das *jeden* Schmutz abwäscht, verweisen aber deutlich auf die drei Interpretationsebenen, die in ihren Schriften angelegt sind: die heilsgeschichtliche, die symbolische (allegorische) und die praktische. Das lebendige Wasser, der ewiges Leben spendende Quell Gottes, der die sündige Seele reinigt, ist im Johannesevangelium (4, 10–14) erklärt und steht für die heilsgeschichtliche Dimension. Die Symbolik des Taufwassers, der *stella maris* und der Schöpfungsgeschichte des dritten Tages (Genesis 1) mit der Erschaffung der Meere bildet die zweite Ebene. Der heilkundliche und physikalische Aspekt ergibt sich aus Hildegards Anweisungen zur Hygiene (Waschungen, Zähneputzen), aus ihrer Beobachtung, daß Quellen besseres Trinkwasser liefern als stehende Gewässer, und aus der Erkenntnis, daß das Meerwasser verdunstet und als Regen die Flüsse speist. Für Hildegard sind alle Teile der Schöpfung belebt, auch die Mineralien, und erzeugen Wechselwirkungen untereinander, mit dem Menschen und mit dem Kosmos. Elemente der Temperamentenlehre und der Humoralpathologie, im 12. Jahrhundert ebenfalls geläufige antike Tradition, spiegeln sich in Hildegards Behauptung, daß der Rhein *mit Ungestüm* das Meer verlasse und daß der Genuß des Rheinwassers zehre und die *schädlichen [...] Säfte im Menschen* reinige.[284] Selbständige Beobachtungen Hildegards finden sich in der Beschreibung der verschiedenen Erden (sandige, lehmige, kalk- und eisenhaltige, Schwarzerden) und ihrer unterschiedlichen Bedeutung für die Landwirtschaft. Darin zeigt sich ein erster Anfang von Beobachtung und Klassifizierung, wie sie heute zur wissenschaftlichen Methodik gehören. Das Beobachtete vermischt sie aber mit ihrem Konzept der *Grünkraft* oder mit Erfahrungen aus der Religion, der Volksmedizin und dem Brauchtum. Die von ihr beschriebene grünliche Erde (*terra subviridi*) wirkt *belebend* auf Gelähmte, wenn sie ihnen in dreitägigem Ritual und unter gebetartigen Beschwörungsformeln aufgelegt wird. Nach den Prämissen der Signaturenlehre[285] zeigt die grünliche Beschaffenheit dieser Erde ihre verborgenen belebenden Kräfte an (viriditas, vir). Da der Mensch bei seiner Erschaffung ebenfalls aus Erde geformt wurde, sind Mensch und Erde stofflich verwandt. Der Ritus muß dreimal erfolgen,

Hildegard von Bingen. Eisenrelief, Entwurf von Toni Schneider-Manzell, 1964

weil dies die göttliche Zahl ist. Hildegards Beschwörungsformel lautet deshalb: *Du, Erde, schläfst in dem Menschen […], mache, daß er die Kräfte zurückgewinnt, im Namen des Vaters und des Sohnes und des Heiligen Geistes, der ein lebendiger, allmächtiger Gott ist.*[286] Ihre Belebungsmethode ähnelt der, die im jüdischen Brauch- und Sagentum für die Erschaffung des Golem tradiert wird.[287]

In Hildegards Elementenlehre scheint das Feuer zu fehlen. Im Buch über den Ursprung der Metalle bezeichnet sie in der Vorrede jedoch das Feuer als inhärente Kraft des Wassers.[288] Diese uns heute unverständliche Vorstellung hat kultische, sprachlich tradierte Wurzeln, die der

Orientalist Johann Arnold Kanne in der sprachlichen Verwandtschaft der Wörter für «Licht» («Feuer») und «Wasser», für «fließen», «strömen» und «leuchten», «glänzen» in den semitischen Sprachen nachwies.[289] Wasser und Feuer (Licht) besitzen auch in der christlichen Symbolik gemeinsame Eigenschaften. Beide wirken reinigend und werden in den Buchmalereien zu Hildegards Visionsschriften durch Wellenlinien dargestellt.

Der Glaube an die symbolische Einheit der beiden Elemente läßt für Hildegard Folgerungen zu, die uns verwirren: *[…] wo die Feuerkraft, «ignea vis», die im Wasser fließt, die Erde durchdrang, übertrug das Feuer des Wassers diese «durchflossene» Erde in ein Goldbergwerk. Wo die Reinheit der Überschwemmung die Erde durchdrang, entstanden aus der reinen Überschwemmung und der durchflossenen Erde die Silberbergwerke.*[290] Hierauf basieren auch ihre Erklärungen des Goldes als «warm» und des Silbers als «kalt». Das Messing kennt Hildegard als Legierung und benutzt das deutsche, nicht das griechische Wort dafür, das offensichtlich weder sie noch ihr Schreiber kannte. Ebenso ist ihr die Giftwirkung von Blei, Silber und Zinn bekannt. Die Bücher von den Elementen und vom Ursprung der Metalle gehören sinngemäß an den Anfang der *Physica*, weshalb die Quellenforschung Irrtümer in der Überlieferung vermutet.[291]

Solche Anfänge wissenschaftlicher Beschäftigung sind vom Versuch geprägt, die Naturerscheinungen durch Beobachtung, Benennung und Einordnung mit den Mitteln der Vernunft zu meistern und ihre unverständlichen Kräfte durch Glaube, Gebet und Beschwörung zu bändigen. In Hildegards Büchern über Pflanzen, Bäume und Steine wird diese Methode angewendet und durch Erfahrungen mit volkstümlichen Heilmitteln bereichert. Unter den vielen Hausmitteln, die sie in ihrer *Physica* anführt, hat die Hauswurz eine lange Tradition in der Volksmedizin. Hildegard erwähnt sie u. a. als Mittel gegen Impotenz, da sie im Volksglauben als Aphrodisiakum galt. Ihr Rezept verlangt die Zubereitung in Ziegenmilch unter Beigabe einiger Eier.[292] In diesem und vielen anderen ihrer Rezepte lassen sich Relikte heidnischen Kult- und Kulturguts erkennen. Das Ei, seit Urzeiten die weibliche Komponente symbolischer Frühlings- und Fruchtbarkeitsriten, wurde als Symbol der Auferstehung Christi in die christliche Ostertradition übernommen. Hildegard bezieht sich also in ihrem Rezept auf eine vielfältig tradierte, noch heute wirksame Symbolik. Außer dem offensichtlichen Nährwert sind in Hildegards Aphrodisiakum allerdings keine pharmakologisch wirksamen Stoffe zu finden.[293]

Im germanischen Kultbereich haben Magie und Zauberkraft eine reiche Tradition.[294] Von den altnordischen Runenzeichen, die teilweise magische Bedeutungen tragen, über die «Merseburger Zaubersprüche», die

Darstellung einer Apotheke im Mittelalter

Märchen und die volkstümliche Überlieferung von Dr. Faustus ist das Wirken geheimnisvoller Kräfte bis heute im Volksglauben lebendig. Solche kulturellen Überlieferungen finden sich auch bei Hildegard. Beispiele sind in ihrer Pflanzenkunde u. a. die Zauberkräfte, die sie der Betonie und der Alraune beimißt. Die Betonie (Heilziest) galt im Mittelalter als Allheilmittel, dem mehr als vierzig verschiedene Wirkkräfte zugeschrieben wurden.[295] Hildegard empfiehlt die Pflanze gegen Schwachsinn und als Antaphrodisiakum gegen *magische Vorspiegelungen oder teuflische Einflüsse*[296]. Da für Hildegard die Vernunft eine seelische Kraft ist, die Seele aber vom Herzen aus auf das Gehirn wirkt, schreibt sie Brustumschläge mit zerquetschten Betonien gegen Blödheit vor. Im *Scivias* wird dieser komplizierte Vorgang in der Bildhaftigkeit von Hildegards Schau so beschrieben: *Die Feuerkugel […] ist die Seele, die da brennt im Feuer tiefer Erkenntnis. […] Sie erfüllt das Herz mit jener Kraft, die gleichsam das Fun-*

dament des Körpers ist und den ganzen Leib durchherrscht […]. Die Feuerkugel berührt das Gehirn. Denn die Seele kostet mit ihren Kräften nicht nur das Irdische, sondern auch das Himmlische, da sie Gott […] kostend erkennen darf.[297] Erst im Rückgriff auf ihre Visionsschriften lassen sich also die Gründe für derartige Handlungsvorschläge Hildegards erkennen. Die Betonie besitzt allerdings durch das Betaine (Stachydrin) eine blutstillende Wirkung, die Hildegard wahrscheinlich beobachtet hatte. Sie wird im übertragenen Sinne gegen eine überreizte Sinnlichkeit (wallendes Blut) angewendet. Hildegard betont, daß die Pflanze frisch und noch unbenutzt sein muß. Hier spiegelt sich auch ein sprachmagisches Beziehungsdenken wider, das der *viriditas (Grünkraft)* und *virginitas (Unberührtheit)* größere Kraft beimißt.

Hildegards Beschreibung der vom Altertum bis in die Goethezeit berühmten Zauberpflanze Mandragora (Alraunwurzel) mischt heils- und kulturgeschichtliche Bedeutungen. Die im Mittelmeergebiet heimische Alraune ist eine unscheinbare Pflanze, in deren dicker, gegabelter Wurzel man eine menschenähnliche Form zu erkennen glaubte. Ihr wurden sowohl magische als auch heilende Kräfte zugeschrieben. Schon das um 1200 entstandene Arzneibuch «Antidotarium Nicolai» enthält unter den insgesamt 141 Vorschriften vierzehn Rezepte mit Alraunwurzeln.[298] Die menschenähnliche Form erinnert Hildegard an die Erschaffung Adams aus Erde und Lehm: *Der Alraun […] stammt aus der Erde, von welcher Adam gemacht ist; die Wurzel ist dem Menschen etwas ähnlich, deswegen gerade ist diese Pflanze den Einflüsterungen und Nachstellungen des Teufels mehr als andere Pflanzen ausgesetzt.* Um den teuflischen Zauber zu brechen, muß das Wurzelmännchen «getauft» werden: *Wenn sie gegraben wird, soll sie sofort einen Tag und eine Nacht in Quellwasser, «queckborn», gelegt werden, es wird dann alles Böse und Widerwärtige aus ihr ausgezogen, «uszgebiszen», sie hat ihre magische Kraft verloren; geschieht dies nicht, bleibt die Erde an ihr hängen, dann ist sie zu allerhand Teufelskünsten zu gebrauchen.* Ihre Anweisung für die heilkräftige Anwendung der Mandragora ist stark vom Aberglauben bestimmt. Gegen Krankheiten spezifischer Körperteile *verzehre man die entsprechenden Gliedmaßen der Figur, gegen Kopfleiden den Kopf, gegen Halsschmerzen den Hals usw*[299]. Zwar enthält die Pflanze stimmungshebende Alkaloide und Hildegard empfiehlt sie gegen Depression, doch ist die von ihr vorgeschlagene Anwendung unwirksam.

Auch Hildegards Bücher über Bäume und Steine sind sehr stark von Resten germanischer Religionsvorstellungen und Bräuche geprägt. *Die Bäume gewinnen ihre Kraft – wie die Menschen – aus dem Mark. Wenn das Mark eines Baumes verletzt wird, spürt er diese Schwächung.*[300] Durch diesen Anthropomorphismus werden manche ihrer an sich richtigen

Bildnis Hildegards auf einem Meßgewand, zweite Hälfte des 19. Jahrhunderts. Hildegardiskirche, Rotterdam-Hillegersberg

Beobachtungen in den Bereich von Zauber und Magie übertragen. Die Kraft der Zypresse schützt zum Beispiel in Amuletten vor bösen Einflüssen: *Nimm Holz von der Mitte, vom Herzen des Baumes und trage es ständig bei dir. Dann wird dir der Teufel […] aus dem Wege gehen.* Der Zusatz von Erde (durch das Tongefäß), Wasser, Gebet und Beschwörung heilt auch bereits Besessene: *Wer in teuflische oder magische Gewalt verstrickt ist, nehme Holz von der Mitte des Baumes, bohre ein Loch hinein, schöpfe mit einem Tongefäß Wasser aus einer lebendigen Quelle, gieße es durch das gebohrte Loch und fange es mit dem gleichen Gefäß wieder auf. Dazu soll man sprechen: «Ich gieße dich, Wasser, durch dieses Loch. Fließe mit der Stärke, die du von Natur aus hast, und in der Tugend, die Gott ist, in diesen verstrickten Menschen und zerstöre in ihm alles Feindliche und führe ihn auf den rechten Weg zurück, auf den Gott ihn […] gesetzt hat».*[301] Die Anweisung, dieses Wasser neun Tage zu trinken, bringt schließlich noch die zahlensymbolische Kraft ins Spiel: Neun (= 3 ¥ 3) bedeutet die Stufen der Erlösung und den Himmelsweg der Seele.[302] Auf ähnliche Art sind Eibe, Buche und Hagebutte (Hainbuche) wunderkräftig, deren wohltätiger Zauber aus der germanischen Kultur überliefert ist[303], und die Tanne, die *Geister hassen […] und vermeiden*[304].

Aber auch pflanzliche Kräfte werden auf menschliche Verhältnisse übertragen in dem Symbolgehalt, den ihnen Hildegard zuschreibt. Weil die Kastanie die Zurückhaltung versinnbildlicht, wirkt sie gegen Gicht (*Gicht ist immer von Zorn begleitet*[305]), dagegen taugt die Hasel nicht zu Heilzwecken, weil sie Symbol der Wollust ist. Der Feigenbaum, als Symbol der Furcht, ist unzuträglich und führt schon bei Berührung zu Kraftlosigkeit und Ohnmacht. Hildegards Version der Signaturenlehre[306] wird hier auf die symbolische und sprachliche Ebene gehoben.

Nicht alle von Hildegards Rezepten sind ohne pharmakologische Wirkung. Das salicinhaltige Espenlaub, das Hildegard als Umschlag gegen Fieber empfiehlt, mag Linderung wie Aspirin bringen.[307] Dagegen ist ihre Behandlungsmethode von Geschwüren nicht zu empfehlen: *Gegen noch nicht aufgebrochene Geschwüre soll man etwas trockenen und harten Kot von einem gesunden Menschen nehmen und in einem Leinentuch darauflegen […]. Man kann aber auch das Blut einer Schwalbe oder die getrocknete Leber eines Geiers nehmen.*[308] Dies gilt für die meisten ihrer ohnehin nicht nachvollziehbaren Behandlungsvorschläge.

Hildegards Methode in der *Physica* besteht in der Beobachtung, Benennung und Katalogisierung natürlicher Erscheinungen. Ihre Beobachtungsgabe ist scharf. Sie bemerkt die unterschiedliche Giftwirkung des Colchicin in der Herbstzeitlose auf Mensch und Vieh, warnt vor dem giftigen Bilsenkraut und kennt schon die analeptische Wirkung des Kampfers. Sie zeigt eine gründliche Kenntnis der Flora und Fauna des Nahegaus, wobei sie die dort vorkommenden Fische erstmals in allen wichtigen Arten erfaßt.[309] Durch den Einschub deutscher Benennungen für fehlende lateinische Namen hinterläßt Hildegard auch ein für die historische Linguistik wichtiges Dokument.

Für die Klassifizierung benutzt Hildegard eine elementare Einstufung nach Kalorik und Feuchtigkeitsgrad.[310] Sie basiert auf Hildegards Konzept eines geschlossenen und wechselwirkenden biologischen Systems von kosmischem Umfang. Innerhalb dieses Systems basiert ihre Einstufung auf einem Kontinuum wie kalt – lauwarm – warm – heiß oder trocken – mehr trocken als feucht – feucht usw. Weil die gesamte Schöpfung als historische Einheit aufgefaßt wird, finden zeitlich weit auseinanderliegende, methodisch ganz verschiedene Theorien- und Erfahrungsbereiche in Hildegards System Aufnahme. Temperamentenlehre, Qualitätenlehre, Säftelehre, Signaturenlehre, überlieferte germanische Riten, gebetartige Zauber- und Beschwörungsformeln, Klostermedizin, tradierte Hausmittel und Hildegards eigenes, kompliziertes System symbolischer Bedeutungen sind Mittel der Erkenntnis. Damit hat Hildegard einen neuen Ansatz und eigenständigen Beitrag zur Klassifizierung der natürlichen Umwelt geschaffen, der auf überlieferten Lehren aufbaut und sie um die heilsgeschichtliche Dimension erweitert.

«Causae et curae»

Anders als die *Physica* beschäftigt sich Hildegards *Causae et curae* (*Heilkunde*) mit der Beschaffenheit des Menschen und seiner durch den Sündenfall ererbten Disposition zu Unvollkommenheit und Krankheit. *Wäre der Mensch im Paradies verblieben, so würde […] sein Fleisch unversehrt (integra) geblieben sein und ohne den krankhaften Schleim […]. Denn mit dem Genuß des Bösen wurde das Blut der Kinder Adams in einen giftigen Schleim umgewandelt, aus dem nun die Menschenkinder gezeugt werden. Und deswegen ist ihr Fleisch geschwürig (ulcerata) und durchlöchert (perforata).*[311] Diese Grundkomponente der Conditio humana, Krankheit und Tod als Folge der Sünde, steht dem Konzept der überströmenden Lebenskraft (*viriditas*) gegenüber, die von Gott ausgeht. Da der Mensch aus den irdischen Elementen entstanden ist, die untrennbar mit den kosmischen verbunden sind und *in raschem Kreislauf* in ihm wirken[312], ist Hildegards oberster prophylaktischer Grundsatz das Maßhalten in allen Dingen, damit die natürliche Ordnung der Elemente, Säfte und Temperaturen nicht gestört wird. *Wenn die Elemente die rechte Ordnung in der menschlichen Organisation verwirklichen*, sind sie *der Garant seiner Er-*

haltung und seiner Gesundheit [...]. Solange nämlich die Gerinnungen (coagulationes) der Säfte, die abhängig sind von Wärme, Feuchtigkeit, Blut und vom Gesamtgewebe (caro) und die sich in entsprechender Form vorfinden, in ausgeglichener Ruhe und unter einer anpassungsfähigen Steuerung in ihm wirken, hat der Mensch seine Gesundheit; sobald sie ihn aber alle zugleich und unvorsichtig (indiscrete) anrühren und im Übermaß über ihn herfallen, machen sie ihn krank und bringen ihn zu Tode.[313] Die Wiederherstellung der Harmonie zwischen menschlichen Körperfunktionen und kosmischen Kräften, darin liegt das Ziel der Behandlung.

Ein beträchtlicher Teil von Hildegards *Heilkunde* behandelt Anatomie und Funktion der menschlichen Zeugungsorgane, Geschlechtsleben und -verkehr, Schwangerschaft und Geburt und gynäkologische Theorie und Praxis. Weitere Abschnitte gelten dem Stoffwechsel und den damit verbundenen Störungen, dem Affektleben, biologischen Rhythmen im menschlichen Organismus und allgemeinen Krankheitserscheinungen von Migräne bis Zahnfleischbluten.

Die im Mittelalter auch bei Ärzten herrschende Unkenntnis des menschlichen Körpers, seiner Organe und deren Funktion war noch ausgeprägter, wenn dieser Körper weiblich war. Religiöse und gesellschaftliche Tabus untersagten die Obduktion, die allein zu einer gründlichen Kenntnis der inneren Organe hätte führen können, und die Behandlung von Unterleibserkrankungen bei Frauen durch Ärzte.[314] Um so erstaunlicher erscheinen Hildegards praktische Kenntnisse und ihre freimütige Diskussion von Frauenleiden. Heinrich Schipperges, der Übersetzer von *Causae et curae*, sah sich genötigt, Hildegards Ausführungen eine Erklärung beizugeben: «Hildegards Sexualbiologie hat in der naturgeschichtlichen Literatur merkwürdigerweise am meisten Beachtung oder Ablehnung gefunden. Beides ist ungerecht und unsachlich. Solange die Texte dieser originellen Sexualtypologie im Rahmen ihrer Naturauffassung gelesen werden, ist daran nichts zu belächeln und nichts zum Erröten. [...] ‹Wenn jemand meinen würde›, sagt Albertus Magnus wenig später, ‹daß die Erkenntnis mancher Wahrheiten unmoralisch sei, dann ist er selbst schuldig, weil seine subjektive Erkenntnis schändlich und fehlerhaft ist, weil er nämlich die Dinge, woraus der Mensch gebaut ist, nicht ohne Unreinheit seines Gefühls begreift.› [...] Diesen feinen Unterschied hat Hildegard gespürt, wenn sie in einer einfachen, aber ganz klaren und auch recht schönen Sprache natürliche Vorgänge erläutert.»[315]

Eingeleitet werden Hildegards Betrachtungen mit der Bemerkung, daß die Frau nur bis Beginn des Geschlechtsverkehrs *unter der Dienstbarkeit des Mannes* steht, denn danach sind Mann und Frau *ein Fleisch.*[316] Die Vereinigung mit dem Mann bedingt den Verlust ihrer Identität, denn

Mann und Frau im Bad. Aus dem «Kalender deutsch» des Ulmer Druckers Johann Schaeffler, 1498

sie hat diese Einheit *eben durch diesen Mann* erreicht. *Daß aber überhaupt ein Mann und eine Frau dermaßen eine einzige leibliche Substanz werden und sein können, hat seine Erklärung im Ursprung des Weibes, da es als Leib aus der leiblichen Seite des Mannes hervorgegangen war.* Die Einswerdung führt die Frau daher zurück zu ihrer ursprünglichen Beschaffenheit als Teil des Mannes.

In den folgenden Erklärungen tritt die in der Zahlensymbolik dem irdischen zugewiesene Zahl Vier stark hervor: Die vier menschlichen Säfte gehen aus den vier Elementen hervor, und vier Temperamente bestimmen sowohl die unterschiedlichen Typen von Frauen wie Männern. Die *Geschlechtskraft*, die Hildegard als feurigen Wind symbolisiert, sitzt bei Männern in den Lenden und bläst in *zwei zeltartige Gebilde*, die den *männlichen Stamm umgeben, festigen und aufrichten können.* Die männlichen Organe werden auch mit der für Hildegard so typischen Gebäudesymbolik als *Bollwerk um einen Turm* verbildlicht oder *wie zwei Blasebälge* erklärt, *die passend das Feuer schüren.*[317] Sie nennt vier *Gruppen von Männern*[318], die sie nach Aussehen, Temperament, Nachkommenschaft und Zeugungskraft ordnet. Letztere teilt sie in vier Arten: Onanie, hetero- oder homosexuellen Beischlaf, Unzucht mit Tieren und den spontanen nächtlichen Erguß, der *dem Menschen im Schlaf ohne jedes Traumspiel und rein aus der Natur heraus passieren kann*[319]. Nur Unzucht mit Tieren wird widernatürlich und schändlich genannt.

Hildegard beschreibt auch vier Gruppen oder Typen von Frauen, die sie nach ihrer körperlichen Beschaffenheit, ihrem Umgang mit Männern, ihrer Fruchtbarkeit und ihrer Anfälligkeit oder Widerstandsfähigkeit gegenüber Krankheiten unterscheidet. Sie spricht der Frau den *Geschlechtsgenuß*[320] keineswegs ab, wie dies in späteren Jahrhunderten oft geschah, sondern erklärt ihn analog der physisch geringeren Kräfte der Frau für *weniger heftig* als den des Mannes. Enthaltsamkeit macht Männer öfters krank, *wenn auch nicht so sehr wie die Frau, da sie ja mehr Samen auswerfen können als die Frau,* die eine *starke Grünkraft* hat.[321] Dagegen gibt es Frauen, die *eigentlich gesünder, kräftiger und auch fröhlicher ohne Männer als mit ihnen*[322] sind.

Das Alter der Fruchtbarkeit gibt sie beim Mädchen mit 12, beim Knaben mit 15 Jahren an. Sie warnt jedoch ausdrücklich vor zu frühem Geschlechtsverkehr, da das Mädchen erst nach dem 16. Lebensjahr, der Mann erst nach dem 17. Lebensjahr *seinen vollen Verstand und eine bessere und beständigere Gesinnung*[323] hat. Hildegard weiß auch, daß Frauen, die *vor dem zwanzigsten Lebensjahr eine Frucht empfangen [...] eher eine kränkliche Frucht, die in mancherlei Hinsicht schwächlich bleibt,* gebären. Auch bei Alterskindern ist *mit einer allgemeinen Schwäche zu rechnen.*[324] Schließlich ist es für das Gedeihen des Kindes auch wichtig, daß die Eltern ein liebevolles Verhältnis zueinander haben. Wird *das gegenseitige Liebesverhältnis [...] von keiner Seite in der rechten Weise aufgebracht,* dann wird das Kind *verbittert bleiben wegen der damals vorherrschenden Bitterkeit seiner Erzeuger*[325]. Aus solchen Gründen rät sie zur Geburtenplanung. Der Mensch soll kein *Vielfraß* sein, der *nicht achtgibt auf die Mahl-Zeiten.* Er soll vielmehr achten, daß er *die rechte Zeit einhält, auf daß er nicht so handle wie jener Vielfraß. In dieser Weise soll der Mensch sich verhalten und die rechte Zeit für die Zeugung aussuchen.*[326] Den Geschlechtsverkehr selbst sieht Hildegard als schickliche Fügung (*decenter instituta est*) eines gütigen Gottes.

Hildegards gynäkologische Kenntnisse zeigen, wie alle ihre wissenschaftlichen Darlegungen, eine Mischung tradierter Auffassungen und eigener Beobachtung, doch sind sie dem Allgemeinwissen ihrer Zeit weit überlegen. Sie bespricht ohne Scheu die weiblichen Zeugungsorgane, das Hymen (*das Schloß der Unversehrtheit*[327]) und das Bluten bei seiner Verletzung, Menses und weiblichen Fruchtbarkeitszyklus. Sie weiß, daß die Frau auch während Monatsblutung und Stillzeit empfangen kann – eine

Tatsache, die bis ins 20. Jahrhundert im Volkswissen auf Unglauben stieß. Einen biologischen Rhythmus bemerkt sie *sowohl beim Weibe als auch beim Manne*[328], der, von der modernen Medizin zunächst abgelehnt, durch neueste Studien wieder bestätigt wurde. Hildegard unterscheidet mit erstaunlich moderner Sicht zwischen Befruchtung und Menschwerdung (Beseelung) des Embryos innerhalb der Gebärmutter. Im Augenblick der Vereinigung von Samen und Eizelle sind bereits vier Kräfte grundsätzlich da, die das menschliche Embryo als solches identifizieren, nämlich *voluntas*, *consideratio*, *potestas* und *consensus*[329]. Willenskraft, Überprüfungskraft, Bestimmungskraft und Harmonisierungskraft sind sozusagen die Mitgift von Vater und Mutter. Zu diesen vier geistigen Kräften *kommen die vier Elemente hinzu*[330], aus denen sich mit den vier Säften durch einen Teilungsprozeß im Fruchtsack eine menschliche Form entwickelt, *die aber noch nicht als lebendig angesehen werden kann.* Erst wenn der *Geist des Lebens* das Gebilde durchdringt, wird es menschlich. *Dieses macht der zweite Monat.*[331] Die moderne Medizin bestätigt dies: «Im Menschen kommt dieser Zeitpunkt, von Beard als ‹die kritische Periode› definiert, zwischen dem 46. und 47. Tag des embryonischen Lebens.»[332]

Nach der Befruchtung *wächst aus dem Monatsblut der Frau eine Haut (pellicula) wie ein kleines Gefäß um diese Gestalt und hält sie fest und umgibt sie.* Darin liegt sie *wie ein Mensch im Gemach seines Hauses [...]. Wenn aber die Geburt unmittelbar bevorsteht, wird das Gefäß, in das das Kind eingeschlossen ist, zerrissen.*[333] Wenn die Geburt problemlos vor sich geht, *tritt das Kind mit einem Blutschwall aus*[334]. Diese gewaltsamen Vorgänge und die *Kraft der Ewigkeit* (*vis aeternitatis*), die sie einleitet, spürt die *Seele des Kindes [...] während dieses Austritts*[335], weshalb *Mutter wie Kind den vom Ursprung an festgesetzten Schmerz zu erleiden* haben.[336] Die Vorstellung, daß die Geburt auch für das Kind ein traumatisches, schmerzhaftes Ereignis ist, hat die Medizin erst neuerdings anerkannt. Jahrhundertelang wurde geglaubt, daß das Un- und Neugeborene keinerlei Schmerz verspüre, weshalb es zum Beispiel mit Zangen extrahiert und ohne lokale Betäubung operiert oder beschnitten wurde.

Neu ist auch Hildegards Wissen um die besonderen Gefahren der Schwangerschaft und Geburt bei Krankheit oder Fettleibigkeit der Mutter. *Unter solchen Schwierigkeiten wird der Weg des Kindes so lange behindert, bis mit Gottes Gnade der Lebenshauch, also die Seele, sich mit dem Körper herauspreßt, ganz gleich, ob das Kind dann lebendig ist oder tot. Auch wenn die Frau sehr fettleibig ist,* wird der Geburtsweg *wegen dieser Verfettung der mütterlichen Gewebe [...] verlegt, so daß die Schwangere viel auszustehen hat.*[337] Sie verlangt deshalb Gesundheit und eine gute Konstitution als Voraussetzung für die Mutterschaft, *nicht zu fett und*

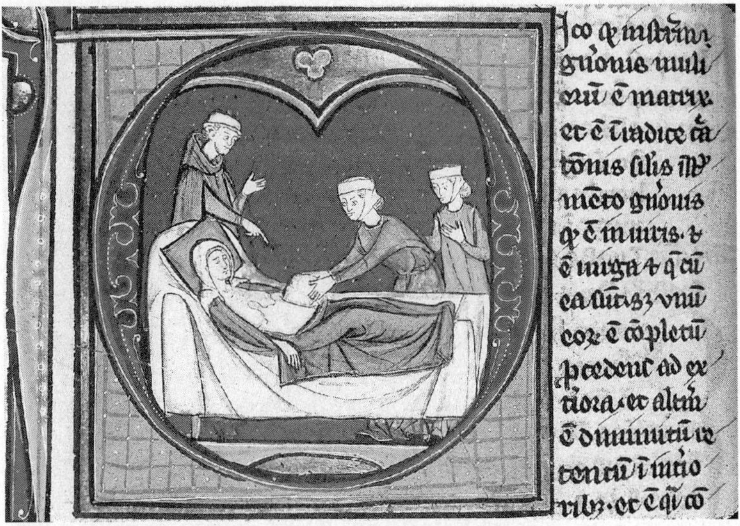

Geburt. Initiale eines Medizinbuches, 13. Jahrhundert.
Besançon, Musée des Beaux-Arts

nicht zu mager und auch nicht krankhaft. Dringend rät sie von der damals beliebten Räucherung während der Geburt ab: *Es ist äußerst gefahrvoll, zu einem solchen Zeitpunkt der Frau in ihrer Krise noch irgend eine Medizin zu geben […] und zwar wegen der damit verbundenen Gefahr für das unter der Geburt stehende Kind; denn wie ein Mensch ersticken müßte, wenn man ihn unter die Erde vergrübe, so würde auch das Kind durch die Wirkung und den Rauch der aromatischen Mittel und Kräuter erstickt, wenn diese bei so unmittelbar bevorstehendem Austritt angewandt würden.*[338] In solchen Äußerungen und in ihren Empfehlungen zur Hygiene zeigt sich, wie weit Hildegard mit ihren praktischen Ansichten der ärztlichen Kunst ihrer Zeit voraus war, denn unvorstellbar ist uns heute die hohe Sterblichkeit von schwangeren und gebärenden Frauen, von Wöchnerinnen und Säuglingen im Mittelalter. Bis ins 19. Jahrhundert dokumentieren die kirchlichen Tauf- und Sterbebücher das Massensterben von Frauen an Komplikationen bei der Geburt und an Kindbettfieber.

Verglichen mit Hildegards Meinungen zu gynäkologischen Fragen bringen andere Abschnitte der *Heilkunde* relativ wenig Neues für ihre Zeit, wohl aber gute praktische Ratschläge. Hildegard kennt den Vorgang des Stoffwechsels und einige seiner einfachsten Störungen. Man soll *das Erbrechen nicht künstlich hervorrufen, weil es seiner [des Menschen] Gesundheit nicht zuträglich ist*[339], und soll bei Durchfall auf etwaiges Blut im Stuhl bzw. auf den Wasserverlust der Gewebe achten. Sie kennt die anatomische Beschaffenheit des Magens (*er ist zäh und an der Innenfläche gerunzelt*[340]), die sie beim Ausnehmen von Tieren beobachtet haben mag. Um die Gesundheit zu wahren, rät sie zur Mäßigkeit im Genuß von Speise und Trank, sie empfiehlt Brot und Gemüse, statt Wasser Bier und Wein. Wenn man *Speisen mit zu viel Fett oder auch übermäßig blutreiche Mahlzeiten zu sich nimmt,* zieht dies *eher Krankheit als Gesundheit* nach sich.[341] Sie kennt die Ursache von Gelbsucht, Hernien, Epilepsie, Nierensteinen u. ä. Leiden, ohne dafür wirksame Linderung zu wissen. Migräne ist ihr auch bekannt. Sie *befällt nur die Mitte des Kopfes, nicht den ganzen, so daß er bald auf der rechten Seite des Kopfes, bald auf der linken zu finden ist [...]. Dieser halbseitige Kopfschmerz hat eine solch große Wucht in sich, daß der Mensch es bei gleichzeitigem Befallensein des ganzen Kopfes nicht aushalten könnte. Dies Leiden ist recht schwierig anzugehen.*[342]

Ihre Diagnostik umfaßt die Untersuchung von Stimme, Augen, Gesichtsfarbe, Puls, Temperatur und Harn. Auf Hygiene legt sie großen Wert, was auch schon aus der erstaunlichen Tatsache hervorgeht, daß es in ihrem Kloster auf dem Rupertsberg in allen Räumen fließendes Wasser gab. *Alle Wasser, die zum Trinken geeignet sind, sind auch für die Bäder brauchbar.* Zum Trinken ist das Wasser geeignet, wenn es *richtig durchgekocht*, das heißt sterilisiert worden ist. *Auch das Schneewasser ist recht unrein*, und Regenwasser ist ebenfalls *nicht gesund.*[343] Mundspülungen und oftmaliges Putzen der Zähne und des Zahnfleisches empfiehlt sie zur Erhaltung der Zähne.

Zu den interessanten Beobachtungen Hildegards gehört die Beschreibung der sogenannten Rapid-Eye-Movement-Phase des Schlafes, wo die Seele *gleichsam [...] ihre Augen in den Träumen herumspielen und ringsum Ausschau* halten läßt. Auch die Erkenntnis, daß *all die Gedankenläufe und Meinungen und Planungen, von denen der wache Mensch beansprucht gewesen ist, ihn noch bis in sein Traumleben hinein*[344] belasten, zeigt ihre große psychologische Einsicht. Beeindruckend ist auch Hildegards Beobachtung, daß eine bestimmte Art des Lachens *eine gewisse Beziehung zu der fleischlichen Begierde*[345] habe und daß der Jähzorn ein Anzeichen von Depression ist[346]. Große Verblüffung hat ihre Erklärung hervorgerufen, daß der weibliche Schädel gespalten sei: *Die Hirnschale am Kopf der Frauen ist gespalten: das ist gewissermaßen eine Art Ausweg, mit dessen Hilfe die Gefäße aufgetan werden, wenn sie die Bäche zur Zeit der Monatsblutung herausleiten.*[347] Hildegard war offensichtlich beeindruckt von diesem Zeichen und suchte nach einer plausiblen physiologischen Erklärung. Vermutlich bemerkte sie am Skelett einer Frau die Nahtstelle («Spaltung») des Schädelknochens und meinte darin ein spezifisch weibliches Phänomen zu sehen.

Auch solche grundlegend falschen Annahmen durchziehen Hildegards *Heilkunde* und sollten vor dem Nachvollzug ihrer Rezepte warnen. Sie selbst leitet die Aufzählung der Arzneimittel, die sich grundsätzlich mit jenen der *Physica* decken, mit der bescheidenen Äußerung ein: *Für die oben besprochenen Krankheiten sind von Gott die nachstehenden Heilmittel angewiesen worden: sie werden entweder den Menschen befreien, oder er wird sterben, oder Gott will ihn nicht von seiner Krankheit frei machen.*[348]

«Lingua ignota»

Die *Unbekannte Sprache*[349] ist ein linguistisches Werk Hildegards, das etwas mehr als 1000 Wörter nennt und dessen Ursprung und Sinn bisher nicht enträtselt worden ist. Sie selbst reiht es im *Liber vitae meritorum* (S. 27) unter die Visionsschriften. Überliefert ist es in drei Kodizes, dem Wiener, Wiesbadener und Berliner; die Probleme der Quellenlage gleichen denen der Briefe Hildegards. In den drei Handschriften ist auch eine *Unbekannte Schrift (Litterae ignotae)* verzeichnet, die aus 23 Buchstaben besteht.

Bei der Besprechung der Visionsschriften wurde bereits auf die zentrale Bedeutung hingewiesen, die für Hildegard in Wort und Schrift liegt. Sie wird mit der Symbolik der göttlichen Offenbarung, aber auch mit der Zahlensymbolik in Verbindung gebracht. Gottes Wunderwerke haben für Hildegard jedoch ein negatives Gegenbild in der Teufelsmagie. In *De operatione Dei* geht sie kurz auf die «Offenbarungen» des Teufels ein. Dieser *wird Schriftzeichen in die Stirn seiner Anhänger einprägen lassen. Damit zeichnet er alles Übel in sie ein [...]. Diese Schrift war früher in keiner Sprache gesehen oder erdacht. Luzifer erfand sie in sich selbst und bringt sie aus Hinterlist hervor, um damit die Menschen zu verleiten [...]. Es behauptet nämlich der Sohn des Verderbens: wie ein abgehauenes Holz*

Hildegards «Litterae ignotae» in der Berliner Briefhandschrift. Staatsbibliothek zu Berlin, Cod. lat. 4° 674, f. 58r

Hildegard von Bingen. Ölgemälde von Wilhelm Sommer, 1937/38.
Münster, Privatbesitz

gelagert werden muß, bis ein Künstler es zusammensetzt und ziert, damit es die Bewunderung anderer finde, so sei auch der natürlich geborene Mensch ehrlos, bis er durch jene Schrift gerühmt werde, weil in ihrem Wesen mehr Heil und Kraft verborgen liege als in der Erschaffung des Menschen. Gott aber wird alle Versuche mit dieser Schrift mitsamt ihrem

Urheber vernichten; die Schrift des Heiligen Geistes aber wird nicht vergehen.[350]

Hildegards Hinweise auf ihre *Lingua ignota* und die *Litterae ignotae* werfen mehr Fragen auf, als sie beantworten. Bedeutet *früher* (*diese Schrift war früher in keiner Sprache gesehen*) «vor dem Jüngsten Gericht» oder «vor Hildegards Vision»? Ist es bedeutungsvoll, daß die Wörter für «Teufel» – *diuueliz* – und «Thron», Vorstehersitz – *diuloz* – so ähnlich sind? Daß die Wörter zischend und mißlautend sind? Ist eine Alpha-Omega-Symbolik darin zu sehen, daß der Endbuchstabe unseres Alphabets, das zischende Z, so häufig vorkommt? Ist die Tatsache wichtig, daß diese *Lingua ignota* nur Substantive kennt und kein «Tätigkeitswort»? Daß diese Hauptwörter nur Sachbezeichnungen sind und keine abstrakten Denkvorgänge zulassen? Hier muß noch grundlegende Arbeit geleistet werden.

Die Substantive der *Unbekannten Sprache* zeigen im Aufbau eine gewisse Systematik in der Stamm- bzw. Vor- und Nachsilbenbildung verwandter Wörter. Die Wortbildungen sind in den Handschriften zum Großteil auch ins Lateinische und in den mittelhochdeutschen Dialekt der Rheingegend übersetzt. Die *Lingua ignota* mag als Geheimsprache eine praktische Verwendung gehabt haben, doch findet sich nur ein einziges nachweisbares Zeugnis dafür in einer Briefadresse. Nach Portmann und Odermatt lag der Sinn darin, «den Adressaten vor Fremden zu verhüllen»[351]. Insofern sie ein altes Sprachdokument darstellt, ist die *Unbekannte Sprache* auch für die historische Linguistik von Bedeutung. Außerdem umfaßt der Wortschatz eine reichhaltige Auswahl an Bezeichnungen für Gebrauchsgegenstände des Haushalts, der Kriegsführung, der Kleidung und des persönlichen Bedarfs und ist deshalb auch kulturhistorisch wichtig. Schließlich steht die *Lingua ignota* in unmittelbarem Zusammenhang mit Hildegards natur- und heilkundlichen Schriften, weil sie Abschnitte über die menschlichen Körperteile, Krankheiten, Pflanzen-, Baum-, Tier- und besonders Vogelarten enthält. Aus diesen Gründen ist eine fachkundige Beschäftigung mit dieser Schrift notwendig.[352]

Nachwirkungen

Hildegards Universalgenie hat das Interesse an ihrem Werk auch in unserer Zeit nicht erlöschen lassen. Im Gegenteil, zahlreiche Hildegard-Gesellschaften haben in den letzten Jahrzehnten vor allem den musikalischen und naturkundlichen Teil ihres Werks stark hervorgehoben. Hier stehen allerdings wissenschaftliche Untersuchungen neben der unkritischen Übernahme ihrer heilkundlichen Konzepte und Rezepte in der medizinisch anfechtbaren «Hildegard-Medizin»[353], deren «neues Naturheilverfahren» Wunderwirkungen verspricht und den Nostalgiker mit unhaltbaren Behauptungen verführt.

Wir leben aber nun einmal in einem technologisch geprägten Jahrhundert, in dem die medizinische Diagnostik durch Maschinen, die Chirurgie mit Laserstrahlen erfolgt. Die moderne Medizin arbeitet zunehmend mit synthetisch hergestellten Pharmaka, die schnell voranschreitende Differenzierung des Fachwissens bedingt eine weitgehende Spezialisierung, die Kenntnisse von heute sind schon morgen überholt. Daher kann es nicht verwundern, daß viele eine Entfremdung zwischen Krankem und Arzt bemerken, die den Rückgriff auf volks- und naturheilkundliche Praktiken und nicht zuletzt auf den Glauben als Lösung erscheinen läßt. Dabei wird leicht übersehen, daß Hildegard selbst ihrer Zeit weit voraus war und sich der technischen Errungenschaften ihrer Zeit bediente. Das zeigt schon ihre «Wasserleitung» auf dem Rupertsberg.

Noch zu ihren Lebzeiten waren Hildegards Ruf und Ruhm in ganz Europa und bis nach Griechenland und Palästina verbreitet.[354] Auf Ansuchen des Rupertsberger Konvents und seiner Meisterin wurde 1227 durch Papst Gregor IX. der Heiligsprechungsprozeß eingeleitet. Hildegards Leben und Schriften wurden untersucht, Augen- und Ohrenzeugen vernommen. Das daraus resultierende Kanonisationsprotokoll des Jahres 1233 wurde wegen Unvollständigkeit und Fehlerhaftigkeit 1237 von Rom nach Mainz zur Korrektur zurückgeschickt. Erst nachdem Papst Innozenz IV. im Jahre 1243 eine Mahnung ausgesprochen hatte, kam es zu einer Überarbeitung des Dokuments, das sich heute im Lan-

Hildegard von Bingen.
Mosaik im Kloster
Montserrat. Entwurf von
P. Benedikt Martinez,
ausgeführt von Santiago
Padrós, 1947

deshauptarchiv Koblenz befindet. 1489 und 1498 wurde der Hildegardisschrein in der Gruft des Rupertsberger Chores geöffnet und besichtigt, doch bleibt unsicher, ob und wann ihre Kanonisierung offiziell stattfand. Im 15. Jahrhundert wurde Hildegard jedoch als «Nonne und Prophetin» im Martyrologium eingetragen.

Das Kloster Rupertsberg wurde im Dreißigjährigen Krieg zerstört, und 1636 gingen alle Rechte von Rupertsberg auf das Tochterkloster in Eibingen über. Auch das Eibinger Kloster hat eine bewegte Geschichte. Es wurde mehrmals geräumt, in einen Kanonenschuppen umgewandelt, abgetragen, 1802 aufgehoben, seine Überreste wurden 1831 von der Gemeinde Eibingen erworben. In der Nacht vom 3. zum 4. September 1932 brannte die Kirche des ehemaligen Klosters ab, drei Jahre später wurde die neuerbaute Kirche mit einem «Hildegardis-Altar» geweiht. Dort befindet sich auch der Schrein mit den Reliquien der Heiligen. Von 1900 bis 1904 wurde die heutige Abtei St. Hildegard erbaut, aber nicht an der ursprünglichen Stelle in der Gemeinde Eibingen, sondern oberhalb des früheren Klosters.

Durch die Bemühungen der von Hildegard gegründeten Klostergemeinschaften, durch Hildegard-Enthusiasten wie Abt Trithemius und Hildegard-Forscher aller Jahrhunderte, durch Abschriften und den Druck ihrer Werke sind uns Hildegards Gestalt und Werk überliefert. Aber auch in der Musik, Malerei, Architektur und im Kunsthandwerk

Der Hildegardis-Schrein in der Pfarr- und Wallfahrtskirche Eibingen

Die Abtei St. Hildegard in Rüdesheim-Eibingen

hat Hildegard bleibende Eindrücke hinterlassen. Das zeigen Kunstgegenstände wie ein Metallrahmen aus dem 12. Jahrhundert, Buchmalereien und Miniaturen aus dem 14. Jahrhundert, eine Reliefplastik des 15. Jahrhunderts, der Holzschnitt in der deutschen Ausgabe der Hildegard-Vita von 1524 und zahlreiche Holzplastiken und Holzschnitte, Stiche, Ölgemälde und Buchillustrationen aus verschiedenen Jahrhunderten. Eine eindrucksvolle Sammlung solcher Dokumente und Kunstgegenstände wurde anläßlich Hildegards 800. Todesgedenkjahrs in einer Fotoausstellung im Sitzungssaal des Rathauses der Stadt Rüdesheim vom 14. bis 24. September 1979 gezeigt.[355]

Neue Impulse erhielt die Hildegard-Rezeption durch die deutsche Ausgabe ihrer Werke im Salzburger Otto Müller Verlag, die Hildegards Werk auch der allgemeinen Leserschaft zugänglich machte. Für die einschlägige Forschung von besonderer Bedeutung ist die kritische Edition ihrer lateinischen Schriften, die 1978 mit ihrem Hauptwerk *Scivias* begann und innerhalb des «Corpus Christianorum Continuatio Mediaevalis» durch verschiedene Bearbeiter fortgeführt wird. Das Schrifttum zum Hildegard-Jahr 1979 war so zahlreich, daß es in Werner Lauters «Hilde-

Idealbild des Abtes
Johannes Trithemius. Holzschnitt,
16. Jahrhundert (?)

Der Eibinger Pfarrer Ludwig
Schneider (1806–1864), Begründer
der modernen Hildegard-Forschung

gard-Bibliographie»[356] in einem eigenen Abschnitt angeführt werden mußte.

In den Vereinigten Staaten hat sich besonders innerhalb der Frauenemanzipationsbestrebungen der letzten Jahrzehnte eine Forschungsrichtung entwickelt, die dem literarischen und künstlerischen Schaffen von Frauen vergangener Jahrhunderte gerecht werden will. Dabei ist auch über Hildegard eine umfangreiche literatur- und musikwissenschaftliche Fachliteratur in englischer Sprache entstanden, die in der deutschen Hildegard-Forschung bisher kaum beachtet wurde. Einige dieser Arbeiten, ebenso wie die neueren Interpretationen von Kompositionen Hildegards auf Kassette und CD, sind in die Bibliographie aufgenommen worden.

Krankenhäuser, Schulen, Kindergärten, Altenheime und Gemeindehäuser tragen heute den Namen Hildegards. Dies ist gewiß nur ein äußerliches Zeichen der Anerkennung ihrer Persönlichkeit und ihres Werks und doch ein Hinweis darauf, daß diese ungewöhnliche Frau eine lebendige Tradition begründet hat. Hildegard hat zu allen Zeiten Menschen fasziniert, wenn auch unter unterschiedlichen und zeitbedingten Aspekten. Die intensive Beschäftigung mit Hildegards Werk im 20. Jahrhundert hat die Geschichte seiner Interpretation wesentlich bereichert. Der schwierig zu entschlüsselnde Bedeutungsreichtum ihrer Sprachbilder, ihr Umgang mit heilsgeschichtlichen Bezügen und der metaphori-

Hildegard-Reliquiar, Ende des 19. Jahrhunderts.
Hildegardiskirche, Rotterdam-Hillegersberg

Hildegard von Bingen. Beuroner Kunstschule, 1904.
Abtei St. Hildegard

sche Gebrauch sprachlicher Mittel bieten reichlich Stoff für neue Auseinandersetzungen mit der eigenständigen Denkerin. Und nicht zuletzt ist die Geschichte ihrer Wirkung zu schreiben, die mittlerweile über acht Jahrhunderte währt.

Jedes Zeitalter steht jedoch immer wieder erneut vor der Frage, was Hildegard den Menschen noch zu bieten hat. Am Ausgang eines Jahrhunderts, dessen medizinische und technische Errungenschaften in der Zeit davor unvorstellbar schienen, ist der Zugang zum Phänomen Hildegard schwierig. Gewohnt, Welt und Leben selbst zu lenken, steht der moderne Mensch dem kindlichen Vertrauen Hildegards auf eine göttliche Vorsehung eher skeptisch gegenüber.

Das 21. Jahrhundert öffnet seine Tür hoffnungsvoll der Gentechnik, dem computergesteuerten Lasermesser und synthetischen Pharmaka, die körperliche Leiden und Unvollkommenheiten unblutig beseitigen sollen. Trotzdem verläuft für viele das Leben unbefriedigend. Jede neue Errungenschaft bringt bisher unbekannte Probleme und Gefahren, jedes neue Medikament unerwünschte Nebenwirkungen, und der Gott unseres Herzens bleibt auch mit Raumsonden unerreichbar.

Diesem Streben nach dienstbaren Geistern hält Hildegard eine bewährte Lebensphilosophie entgegen. Ihr Rezept für ein geistig und körperlich gesundes, zufriedenes Leben fordert vom Individuum die bedingungslose Einfügung in die von Gott geschaffene Welt, Achtung vor allen Kreaturen und Selbstbeherrschung in der eigenen Lebensführung. Mit dieser einfachen und doch so komplizierten Formel weist Hildegard den Weg in die Zukunft.

Anmerkungen

1 Marianna Schrader und Adelgundis Führkötter: Die Echtheit des Schrifttums der heiligen Hildegard von Bingen. Quellenkritische Untersuchungen. Beihefte zum Archiv für Kulturgeschichte 6. Köln, Graz 1956, S. 58; im folgenden zitiert: Echtheit.

2 Adelgundis Führkötter OSB: Hildegard von Bingen. Salzburg [3]1983, S. 44 f.; im folgenden zitiert: Führkötter. Lieven Van Acker: Der Briefwechsel der heiligen Hildegard von Bingen. Vorbemerkungen zu einer kritischen Edition. In: Revue bénédictine 98 (1988), S. 141–168; 99 (1989), S. 118–154; im folgenden zitiert: Van Acker.

3 Van Acker, S. 118

4 Van Acker, S. 140

5 Van Acker, S. 148

6 Van Acker, S. 167

7 Die Artusepen («Erec», «Yvain», «Perceval» u. a.) des Chrétien de Troyes sind ein bekanntes Beispiel für Ab- und Umwandlungen durch Gottfried von Straßburg, Wolfram von Eschenbach, Hartmann von Aue, Heinrich von Veldeke.

8 Adelgundis Führkötter OSB (Hg.): Das Leben der heiligen Hildegard von Bingen. Düsseldorf 1968, S. 45; im folgenden zitiert: Leben.

9 Leben, S. 121

10 Führkötter, S. 48

11 Marianna Schrader OSB: Heimat und Sippe der deutschen Seherin Sankt Hildegard. Salzburg 1941, S. 21; im folgenden zitiert: Heimat und Sippe.

12 Führkötter, S. 49

13 Abgebildet bei Werner Lauter: Das Nachleben der heiligen Hildegard von Bingen. Reproduktionen aus der Rüdesheimer Fotoausstellung. In: Binger Geschichtsblätter. 6. Folge (1981), S. 11; im folgenden zitiert: Nachleben.

14 Alle genannten Darstellungen finden sich in: Nachleben, Abbildungen auf S. 11, S. 13, S. 16, S. 44

15 Ludwig Clarus, Wilhelm Volk (Hg.): Leben und Schriften der heiligen Hildegard. Zum ersten Male verdeutscht und herausgegeben. Bd. 1, Teil 1. Regensburg 1854; im folgenden zitiert: Clarus. Laut Vermerk der Wiener Nationalbibliothek eigentlich Wilhelm Volk.

16 Echtheit, S. 20

17 Peter Riethe: Hildegard von Bingen. Naturkunde. Das Buch von dem inneren Wesen der verschiedenen Naturen in der Schöpfung. Salzburg 1989

18 In: J. B. Pitra (Hg.): S. Hildegardis Opera. Analecta sacra. Bd. 8. Paris 1882

19 S. Hildegardis abbatissae opera omnia. In: Patrologiae latinae cur-

sus completus... Series prima. Bd. 197. Paris 1882
20 Turnhout 1978. Corpus Christianorum. Continuatio Mediaevalis. 43. 43 A.
21 Zum Beispiel Heinrich Schipperges für «Causae et curae», Irmgard Müller für die «Physica».
22 Die Namen der Eltern werden auch Hiltbert, Hildbert und Mechild, Mechtild geschrieben. Führkötter ergänzt den Namen der Mutter: «Mechtild (von Merxheim)», in: Hildegard von Bingen. Briefwechsel. Nach den ältesten Handschriften übersetzt und nach den Quellen erläutert von Adelgundis Führkötter OSB. Salzburg 1965, Stammtafel A, S. 278.
23 Paul Diepgen: Frau und Frauenheilkunde in der Kultur des Mittelalters. Stuttgart 1963, S. 50; im folgenden zitiert: Diepgen.
24 Leben, S. 64
25 Leben, S. 64
26 Adelgundis Führkötter (Hg.): Hildegard von Bingen. Briefwechsel. Salzburg 1965, S. 25; im folgenden zitiert: Briefwechsel.
27 Leben, S. 65
28 «Viele äußere Dinge erfuhr ich nicht wegen der häufigen Erkrankungen, an denen ich von der Muttermilch an bis jetzt gelitten habe, die meinen Leib schwächten, so daß meine Kräfte nachließen.» Leben, S. 65
29 Leben, S. 64 f.
30 Acta inquisitionis de virtutibus et miraculis Sanctae Hildegardis. In: J. P. Migne (Hg.): S. Hildegardis abbatissae opera omnia. Patrologia Latina, tom. 197. Paris 1882, 136 b
31 Leben, S. 65
32 Edith Ennen: Frauen im Mittelalter. München 1984, S. 234 und S. 114; im folgenden zitiert: Ennen.
33 Leben, S. 64
34 Leben, S. 11
35 Clarus, S. 40. Alle deutschen Übersetzungen von Leben und Werk Hildegards legen den lateinischen Originaltext oft sehr verschieden aus.
36 Clarus, S. 55. Führkötter übersetzt: «Im Alter von acht Jahren *ließ sie sich* auf dem Berg des heiligen Disobod einschließen.» Leben, S. 47 (meine Hervorhebung). Diese Übersetzung impliziert Hildegards Zustimmung.
37 Dieses Kind hieß ebenfalls Jutta, wie ihre Pflegerin und Hildegards Schwester. Über dieses Mädchen und etwaige Verwandtschaftsverhältnisse ist nichts bekannt. Vgl. Führkötter, S. 8.
38 Stephan von Spanheim (1075–1118) hatte auch zwei Söhne, Juttas älteren Bruder Meginhard und Hugo, der 1137 Erzbischof von Köln wurde. Vgl. die Stammtafel in: Briefwechsel, S. 279
39 Clarus, S. 41
40 Ennen, S. 114 f. Vgl. aber Ennens Bemerkung, sie bezweifle, «daß eine Abiturientin unserer Tage so viel Latein» könne, wie die «großen gelehrten Frauen», worunter sie u. a. Hildegard versteht. Ebenda, S. 30
41 Führkötter, S. 9
42 Hildegard von Bingen: Wisse die Wege. Scivias. Nach dem Originaltext des illuminierten Rupertsberger Kodex der Wiesbadener Landesbibliothek ins Deutsche übertragen von Maura Böckeler. Salzburg [8]1987, S. 90; im folgenden zitiert: Scivias.
43 Leben, S. 65. Clarus übersetzt: «einer ihr bekannten Nonne», S. 55.
44 «Sie empfing zwischen 1112 und 1115 den Schleier vom heiligen Otto, Bischof von Bamberg.» Führkötter, S. 10

45 Leben, S. 48. Clarus übersetzt: «In Speise und Trank kargte sie und kleidete sich sehr gering. In ihrem Herzen herrschte züchtige Ruhe. Sie zeigte sich schweigsam und sparsam in Worten.» (S. 41 f.) Auch hier wiederholt Gottfried eigentlich nur die Forderungen des «Jungfernspiegels».

46 Der Kodex befindet sich heute in der Burger-Bibliothek in Bern.

47 Clarus, Bd. 1, 3. Teil, S. 352. «Hildegards Auslegung der Regel des heiligen Benedict», ebenda, S. 353–369. Daraus die folgenden Zitate.

48 Briefwechsel, S. 136f. Führkötter vermutet, diese Briefe seien «kurz vor der Amtsniederlegung des Abtes Helmrich, also 1169/70, geschrieben worden».

49 Führkötter, S. 12

50 In der Einleitung zu «Hildegard of Bingen: Scivias». New York 1990, S. 9

51 Ennen, S. 116

52 Briefwechsel, S. 203

53 Bei den Vorarbeiten zur kritischen Ausgabe der Briefe hat Lieven Van Acker jedoch festgestellt, daß viele dieser Zeugnisse Konglomerate sind, die «in einer nachträglich konzipierten Sammlung zusammengefügt» bzw. von Kompilatoren «ihrer Tendenz entsprechend, auch inhaltlich angepaßt» wurden. Van Acker meint, daß Hildegard «bewußte Manipulationen, die ihren Ruhm zu vermehren beabsichtigten, genehmigt oder wenigstens geduldet» habe. Van Acker, S. 166f.

54 Scivias, Anhang, S. 400

55 «Das Buch Scivias des einfältigen Menschen» zitiert Lynn Thorndike den Titel des Manuskripts Pal. Lat. 311, 12. Jh., Vatikan. Vgl. Lynn Thorndike: A History of Magic and Experimental Science During the First Thirteen Centuries of our Era. Bd. 2. New York 1923, S. 127, Anm. 3. Barbara J. Newman erklärt im Vorwort zur englischen Ausgabe von 1990 «Scivias» als die Kurzform für «Scito vias Domini» («Wisse die Wege Gottes»).

56 Scivias, S. 89

57 Leben, S. 49

58 Scivias, S. 90

59 Briefwechsel, S. 26

60 Scivias, S. 90

61 Scivias, Anhang, S. 373

62 Christel Meier: Prophetentum als literarische Existenz. Hildegard von Bingen (1098–1179). Ein Portrait. In: Deutsche Literatur von Frauen. Hg. von Gisela Brinker-Gabler. Bd. 1. München 1988, S. 76–87; s. auch Barbara Newman: Einleitung. Scivias, S. 15; Sabina Flanagan: Hildegard of Bingen as Prophet: The Evidence of her Contemporaries. In: Tjurunga 32 (1987), S. 16–45

63 Wolfgang Stammler: Hildegard von Bingen. In: Die deutsche Literatur des Mittelalters. Verfasserlexikon. Bd. 2 (1936), S. 443–452, Zitat: S. 451

64 Von der Benediktinerin in der Abtei St. Hildegard in Eibingen stammen die wichtigsten genealogischen Angaben über Hildegard. Vgl. Heimat und Sippe; s. auch dieselbe: Die Heimat und Abstammung der hl. Hildegard und: Zur Heimat- und Familiengeschichte der hl. Hildegard. In: Studien und Mitteilungen zur Geschichte des Benediktinerordens und seiner Zweige 54 (1936), S. 199–221 und 57 (1939), S. 117–133

65 Gottfried (Godefridus) schrieb das erste Buch der «Vita» Hildegards, Dietrich (Theoderich, Diether) ergänzte es mit dem zweiten und dritten Buch. Von dem Brabanter Mönch Wibert von Gembloux

(geb. 1125) stammt ein Hildegard-Vita-Fragment. Eine weitere, ebenfalls aus Gembloux stammende Lebensbeschreibung sollte liturgischen Zwecken dienen und datiert aus dem 13. Jahrhundert.

66 Briefwechsel, S. 29

67 Briefwechsel, S. 26

68 «Die Stätte aber, an der sie erzogen war, ehrte er durch ein in seinem Namen verfaßtes, an den Abt und die Brüder des Klosters gerichtetes Glückwunsch-Schreiben.» Briefwechsel, S. 30. Vgl. auch die Vorrede, Scivias, S. 91

69 Leben, S. 51

70 Briefwechsel, S. 29

71 Barbara J. Newman, Einleitung zur englischen Übersetzung des «Scivias», S. 13

72 Clarus, S. 44. Zu den mittelalterlichen Behausungen solcher «begrabener» Nonnen vgl. Sabina Flanagan: Hildegard of Bingen, 1098–1179. A Visionary Life. London, New York 1989. Im Kapitel «World and Cloister», S. 16–40, beschreibt sie ähnliche Klausen aus dem 12. Jahrhundert. Die Behausungen der Nonnen hatten nur eine Tür und ein Fenster, «das zu bestimmten Tageszeiten geöffnet wurde, um Essen hinein- und Abfall herauszureichen» (S. 28). Wiberts Beschreibung der Klause ist ähnlich: «Er erwähnt zum Beispiel das Fenster und zu der Tür meint er, daß Jutta und ihre Begleiterinnen buchstäblich eingekerkert waren. Das ‹Holz war durch Steine eingekeilt und alle Zugänge vermauert›.» (S. 29) «[...] Jutta war als ‹ancora› (Anker) verpflichtet, bis zu ihrem Tod in der Zelle zu bleiben, ohne Hoffnung, sie je zu verlassen». (S. 31, meine Übersetzungen)

73 Leben, S. 70

74 Leben, S. 53, S. 54

75 Leben, S. 70

76 Briefwechsel, S. 93 f.

77 Leben, S. 53

78 Leben, S. 71

79 Briefwechsel, S. 35

80 Briefwechsel, S. 232 f.

81 Briefwechsel, S. 105

82 Briefwechsel, S. 95 f.

83 Briefwechsel, S. 98

84 Briefwechsel, S. 94 f.

85 Briefwechsel, S. 97. Auch Pfalzgraf Hermann von Stahleck und Abt Kuno hatten Richardis geraten, nach Bassum zu gehen. In diesem Brief spricht Hildegard unwillig von Abt Kuno: «[...] ein gewisser schrecklicher Mensch», der «mehr nach Macht strebt als auf den Willen Gottes schaut, [...] ein räuberischer Wolf. Niemals sucht seine Seele gläubig das Geistliche. Das ist Simonie.» S. 96

86 Briefwechsel, S. 33

87 Briefwechsel, S. 114

88 Clarus, S. 40

89 Leben, S. 56

90 Clarus, S. 48

91 Heimat und Sippe, S. 31 f.

92 Heimat und Sippe, S. 33

93 Heimat und Sippe, S. 33

94 Heimat und Sippe, S. 61

95 Briefwechsel, S. 35; Heimat und Sippe, S. 18

96 Führkötter, S. 22

97 Heimat und Sippe, S. 18 und S. 29 f.

98 Leben, S. 55

99 Clarus, S. 48

100 Über die Fehde zwischen dem Erzbischof und Pfalzgraf Hermann von Stahleck und Hildegards briefliche Mahnung vgl. Briefwechsel, S. 45 f.

101 Leben, S. 75

102 Clarus, S. 65 f. In Führkötters Version (Leben) ist «Nächststehende» mit «meine Verwandten» übersetzt.

103 Vgl. jedoch die fragwürdige Authentizität des Briefkorpus, wie in der Vorbemerkung erörtert.
104 Briefwechsel, S. 187
105 Briefwechsel, S. 45 f.
106 Briefwechsel, S. 188 f.
107 Briefwechsel, S. 189
108 Briefwechsel, S. 190
109 Briefwechsel, S. 89
110 Briefwechsel, S. 207
111 Briefwechsel, S. 169–172
112 Briefwechsel, S. 174
113 Friedrich ließ in Opposition zu Papst Alexander III. seinen «Kaiser-» oder «Antipapst» Viktor IV. (1159–1164) wählen.
114 Briefwechsel, S. 85. Bis zur endgültigen Klärung der Glaubwürdigkeit des brieflichen Materials bleiben die tatsächlichen Verhältnisse undurchschaubar.
115 Briefwechsel, S. 86
116 Aus einem Nachtrag im Wiesbadener Riesenkodex. Abgedruckt in: Briefwechsel, S. 165
117 Führkötter, S. 44 f.
118 Führkötter, S. 46
119 Führkötter, S. 46
120 Briefwechsel, S. 239
121 Briefwechsel, S. 242 f.
122 Briefwechsel, S. 244
123 Führkötter, S. 48. Über die Wunder vgl. Leben, S. 120 ff.
124 Briefwechsel, S. 14
125 Margarete Hattemer: Gesichte und Erkrankungen der Hildegard von Bingen. In: Hippokrates. Zeitschrift für Einheitsbestrebungen der Gegenwartsmedizin 3 (1930), S. 125–149. Vgl. auch die Diskussion über Hildegards «eidetische» Veranlagung und die Literaturangaben bei Wolfgang Stammler: Verfasserlexikon. Bd. 2 (1936), S. 450
126 Oliver Sacks: Migräne. Reinbek 1994; und G. Selby: Migraine and its Variants. Sydney 1983
127 Ronald K. Siegel und Louis Jolyon West: Hallucinations. Behavior, Experience, and Theory. New York 1958
128 Ursula Dobler: Die Lebenswende als Reifungskrisis, dargestellt am Beispiel schöpferischer Frauen. Diss. München 1961, über Hildegard S. 76–86
129 Briefwechsel, S. 223 f. Die kritische Ausgabe von Wiberts Briefwechsel mit den Rupertsberger Nonnen ist inzwischen erschienen.
130 Die auf Salomo zurückgeführte Sammlung von Liebes- und Hochzeitsliedern des Alten Testaments. Vgl. D. Martin Luther: Die gantze Heilige Schrifft. Bd. 2. München 1974, S. 1151–1158
131 Briefwechsel, S. 224
132 Als Wibert von 1177 bis 1180 (nach Volmars Tod 1173) die Sekretärsstelle auf dem Rupertsberg übernahm, änderte er Hildegards Aussagen bei der Niederschrift. Seine Zweifel, daß jedes Wort aus Hildegards Mund göttlichen Ursprungs sei, sind damit genügend bestätigt.
133 Briefwechsel, S. 226
134 Briefwechsel, S. 226. Vgl. auch Hildegards Beschreibung ihrer Schau im Brief aus dem Jahr 1147 an Abt Bernhard von Clairvaux. Briefwechsel, S. 25–27
135 Briefwechsel, S. 227
136 Briefwechsel, S. 229
137 So Gottfried in der «Vita». Leben, S. 58
138 Das heißt eine mystische Vereinigung der Seele mit Gott, wie sie die mittelalterlichen Mystiker Meister Eckhart, Tauler, Seuse u. a. praktizierten. «Nicht die mystische Begnadung einer Einzelseele – ihrer eigenen Seele – ist die frohe Botschaft, die Hildegard zu künden hat», schreibt Böckeler. Scivias, S. 397.

139 Zum Beispiel bei Elisabeth von Schönau. Vgl. Christel Meier: Prophetentum als literarische Existenz: Hildegard von Bingen (1098–1179). Ein Portrait. In: Deutsche Literatur von Frauen. Hg. von Gisela Brinker-Gabler. Bd. 1. München 1988, S. 76–87. Dort auch über Elisabeth von Schönau.
140 Kurt Ruh: Geschichte der abendländischen Mystik. Bd. 1: Die Grundlegung durch die Kirchenväter und die Mönchstheologie des 12. Jahrhunderts. München 1990
141 Geleitwort zu «Scivias», S. 13
142 Scivias, S. 95
143 Gerd Heinz-Mohr: Lexikon der Symbole. Bilder und Zeichen der christlichen Kunst. Düsseldorf [2]1972, gibt eine zusammenfassende Erklärung der Zahlensymbolik auf S. 307–313.
144 Scivias, S. 154. Im Original finden sich weder Überschriften der einzelnen Kapitel noch Titel der Bücher. Diese wurden vom Übersetzer hinzugefügt und sind oft nicht typisch für den Inhalt. Das Original zeigt nur eine Numerierung der Einzelabschnitte. Dies gilt auch für die anderen Visionsschriften.
145 Scivias, S. 409
146 Scivias, S. 96
147 Scivias, S. 193
148 Scivias, S. 99. Dies ist wohl ein erster literarischer Vorläufer für das berühmte Wort aus Goethes «Faust», «Zwei Seelen wohnen, ach! in meiner Brust», das sich auch schon ähnlich in Wielands «Die Wahl des Herkules» (1773) und bei Racine («Cantiques spirituels») findet. Das gedankliche Vorbild dazu ist im Römerbrief des Paulus, Kapitel 7.
149 Scivias, S. 151
150 Scivias, S. 97, S. 108, S. 118, S. 135, S. 139, S. 145
151 Scivias, S. 149
152 Scivias, S. 150
153 Scivias, S. 155, S. 160, S. 171, S. 177, S. 191, S. 203, S. 212
154 Scivias, S. 208
155 Scivias, S. 162 und S. 165
156 Hildegard of Bingen: Scivias. Translated by Mother Columba Hart and Jane Bishop. New York 1990
157 Ebenda. Vorwort von Caroline Walker Bynum, S. 4. Meine Übersetzung aus dem Englischen.
158 Ebenda, S. 5
159 Scivias, S. 165
160 Scivias, S. 262 f.
161 Scivias, S. 233
162 Scivias, S. 225 usw.
163 Scivias, S. 351
164 Scivias, S. 109
165 Der Mensch in der Verantwortung. Das Buch der Lebensverdienste (Liber vitae meritorum). Übersetzt und erläutert von Heinrich Schipperges. Salzburg [2]1985, S. 11; im folgenden zitiert: LVM.
166 LVM, S. 27
167 Kirchliche Interpreten betonen die «Psychomachia» des Aurelius Prudentius Clemens (348–ca. 405) als Vorbild.
168 LVM, S. 290 und S. 292
169 LVM, S. 42
170 LVM, S. 28
171 LVM, S. 39
172 LVM, S. 222
173 LVM, S. 266
174 Schipperges in der Einführung, LVM, S. 18
175 LVM, S. 37
176 LVM, S. 86
177 LVM, S. 133
178 LVM, S. 180
179 LVM, S. 231
180 LVM, S. 267
181 LVM, S. 266

182 LVM, S. 272–274
183 LVM, S. 279 und öfter
184 LVM, S. 88
185 LVM, S. 107, S. 109, S. 110, S. 112
186 LVM, S. 150
187 LVM, S. 78 f., S. 81 f., S. 174 f., S. 177 f., S. 252 f.
188 LVM, S. 70, S. 72, S. 73 usw.
189 LVM, S. 67, S. 74, S. 75 usw.
190 LVM, S. 17 ff.
191 LVM, S. 23 (meine Hervorhebung)
192 Hildegard von Bingen: Welt und Mensch. Das Buch «De Operatione Dei». Aus dem Genter Kodex übersetzt und erläutert von Heinrich Schipperges. Salzburg 1965, Vorwort, S. 7; im folgenden zitiert: DOD.
193 DOD, Vorwort, S. 8. Trotz Hildegards Warnung vor textlichen Eingriffen unter Androhung ewiger Verdammnis (DOD, S. 318) wurde das Buch stark gekürzt und redigiert.
194 DOD; S. 34, S. 60, S. 78, S. 184
195 «Sed omne vitale de me radicatum est. Rationalitas enim radix est.» (DOD, S. 26)
196 DOD, S. 30 (meine Hervorhebung)
197 DOD, S. 169
198 DOD, S. 26. «[...] sonans vero verbum in ipsa floret.»
199 DOD, S. 37
200 DOD, S. 60
201 DOD, S. 52
202 Scivias, S. 90
203 DOD, S. 86. «[...] quae cum circumuente rationalitate omne opus hominis disponit et ordinat».
204 DOD, S. 87
205 DOD, S. 86
206 DOD, S. 87 f.
207 DOD, S. 119
208 DOD, S. 152
209 DOD, S. 62–64
210 DOD, S. 70. «[...] de cerebro per vires animae temperata procedit».
211 DOD, S. 77
212 DOD, S. 189
213 DOD, S. 192 f.
214 DOD, S. 198
215 DOD, S. 197; vgl. auch S. 305
216 DOD, S. 296, S. 298, S. 302, S. 306, S. 310, S. 312
217 DOD, S. 245
218 DOD, S. 121
219 Dazu gehören lehrhafte Dichtungen wie Fürsten- und Ritterspiegel, Kompilationen juristischer («Sachsenspiegel», «Schwabenspiegel») und theologischer Art («Speculum humanae salvationis») und eine Vielfalt ähnlicher Werke.
220 DOD, S. 268. Die Spiegel deuten «Weg und Wahrheit, die Pforte aller Geheimnisse Gottes, alles Gute, die gute Absicht der Auserwählten» und die Verkündigung dessen, «der über das Volk Israel regieren soll».
221 Lynn Thorndike: A History of Magic, S. 132 f.
222 DOD, S. 261. «Sic Unigenitus Dei et Filius Virginis, cuius nomen est Stella maris, de quo omnia flumina exeunt et ad quod iterum vedeunt, quemadmodum et de corum Unigenito Dei omnes salvationes animarum venientes.»
223 DOD, S. 283
224 DOD, S. 311
225 DOD, S. 287. «[...] et ideo etiam viriditas terrae in omni germine suo descendit, quoniam superior aer in alium modum quam prius constitutus fuisset mutatus est».
226 DOD, S. 14
227 DOD, S. 288
228 DOD, S. 314
229 DOD, S. 295
230 DOD, S. 265
231 DOD, S. 265

232 DOD, S. 318

233 Joseph Schmidt-Görg: Die Gesänge der heiligen Hildegard. In: Lieder. Nach den Handschriften hg. von Pudentiana Barth OSB, M. Immaculata Ritscher OSB und Joseph Schmidt-Görg. Salzburg 1969, S. 9–16. Zitat, S. 16: «Sed et ego, quae iaceo in pusillanimitate timoris, interdum sonans aliquantulum velut parvus sonus a vivente lumine [...].» Dieser Band im folgenden zitiert: Lieder.

234 Meine Übersetzung. Vgl. S. Hildegardis, abbatissae: Opera omnia. In: Jacques Paul Migne (Hg.): Patrologiae latinae cursus completus... Series prima. Bd. 197. Epistola XLVII, Sp. 219–21. Paris 1855, mit der unterschiedlichen Übersetzung in: Briefwechsel, S. 237; und der benutzten Übersetzung von Barbara L. Grant, in: Carol Neuls-Bates: Hildegard of Bingen: Abbess and Composer. In: Women in Music. An Anthology of Source Readings from the Middle Ages to the Present. Hg. von Carol Neuls-Bates. New York 1986, S. 18

235 Briefwechsel, S. 240

236 Briefwechsel, S. 238

237 Briefwechsel, S. 240

238 Zum altrömischen Gesang, der zeitgenössischen profanen Musik (Lai, Leich, Estampie) und der Gregorianik vgl. Joseph Schmidt-Görg, in: Lieder, S. 9–16; auch Alfred Baumgartner: Alte Musik. Von den Anfängen abendländischer Musik bis zur Vollendung der Renaissance. Wien 1981, besonders S. 43–54 und S. 73f. (über Hildegard)

239 Briefwechsel, S. 239

240 Briefwechsel, S. 43

241 M. Immaculata Ritscher: Gesänge der hl. Hildegard von Bingen. Beiheft zur Audiokassette (Psallite 242 MC), S. 4; im folgenden zitiert: Ritscher.

242 Joseph Gmelch: Die Kompositionen der heil. Hildegard. Nach dem großen Hildegardkodex in Wiesbaden phototypisch veröffentlicht. Düsseldorf o. J., S. 31; im folgenden zitiert: Gmelch.

243 Alfred Baumgartner: Alte Musik. Von den Anfängen abendländischer Musik bis zur Vollendung der Renaissance. Wien 1981, S. 74

244 Ritscher, S. 5

245 Barbara Thornton: Die musikalische Konzeption des «Ordo virtutum». Beiheft zur CD: Hildegard von Bingen: Ordo virtutum. Ensemble: Sequentia. New York (BMG Music, deutsche harmonia mundi 77051-2-RG) 1990, S. 9; im folgenden zitiert: Thornton.

246 Ritscher, S. 6

247 Lieder, S. 262

248 Gmelch, S. 27

249 Thornton, S. 9

250 Frau Musica. In: Klugs Gesangbuch. Wittenberg 1543: «Hie kann nicht sein ein böser Mut / Wo da singen Gesellen gut.»

251 Don Quijote 2, 34 (1615): «Gnädige Frau, wo Musik ist, da kann nichts Böses sein.»

252 Die Gesänge. 1. Strophe. In: Zeitung für die elegante Welt, Nr. 23 (1804): «Wo man singet, laß dich ruhig nieder, / Ohne Furcht, was man im Lande glaubt; / Wo man singet, wird kein Mensch beraubt: / Bösewichter haben keine Lieder.»

253 Carol Neuls-Bates: Hildegard of Bingen: Abbess and Composer, S. 14 (meine Übersetzung)

254 «O virga [...] quae es in clausura tua sicut lorica. Tu frondens floruisti in alia vicissitudine,

quam Adam omne genus humanum produceret […] de tuo ventre alia vita processit, qua Adam filios suos denudaverat.» Lieder, S. 224

255 Dazu gehören Brunhild, die geharnischte Jungfrau aus dem «Nibelungenlied», die erst im Ehebett ihre Kraft verliert; die Jungfrau von Orléans (Jeanne d'Arc, 1412–1451) sowie die Heldinnen von Maria de Zayas y Sotomayor. Vgl. Helene M. Kastinger Riley: Die weibliche Muse. Studies in German Literature, Linguistics, and Culture. Bd. 8. Columbia, S. C. 1986, S. 81 ff.

256 Thomas Andrew Archer und Alexander James Grieve, DD: St. Ursula. In: Encyclopaedia Britannica. Bd. 22. University of Chicago 1947, S. 903

257 Vgl. Kurt Köster: Elisabeth von Schönau. Leben, Persönlichkeit und visionäres Werk. In: Schönauer Elisabeth-Jubiläum 1965. Festschrift anläßlich des 800jährigen Todestages der heiligen Elisabeth von Schönau. Hg. vom Prämonstratenser-Chorherrenstift Tepl. Schönau 1965

258 «[…] et etiam propter amplexionem Agni desponsationem viri sibi abstraxit. Nam iste castissimus et aureus exercitus in virgineo crine mare transivit. O quis umquam talia audivit?» Lieder, S. 264

259 Briefwechsel, S. 201. Für diesen und alle anderen aus diesem Band zitierten Briefe gelten Lieven Van Ackers Einschränkungen (s. Anm. 2).

260 «[…] quia guttur serpentis antiqui in istis margaritis materiae Verbi Dei suffocatum est.» Lieder, S. 272

261 Konrad Friedrich Uden: Über die Erziehung der Töchter des Mittelstandes. Stendal 1796, S. 90

262 Joachim Heinrich Campe: Väterlicher Rath für meine Tochter. Braunschweig 1789, S. 247 f.

263 Diepgen, S. 168

264 O. Semmelroth: Institution und Charisma. In: Geist und Leben 36 (1963), S. 443–454, Zitat auf S. 446

265 Irmgard Müller: Die pflanzlichen Heilmittel bei Hildegard von Bingen. Salzburg 1982, S. 10; im folgenden zitiert: Heilmittel.

266 LVM, S. 27. Dagegen glauben Schrader und Führkötter, daß Hildegard und Kopisten nach Abschluß des Werks der Stoffsammlung neue Erkenntnisse anfügten: «Die Basis des LSu ist nicht die Vision, sondern die natürliche Erkenntnis und Erfahrung. […] Wieweit Interpolationen eingestreut wurden, läßt sich noch nicht feststellen.» In: Echtheit, S. 58

267 J. Schott (Hg.): Physica S. Hildegardis. Straßburg 1533

268 Echtheit, S. 55

269 Migne, PL 197 (Anm. 199); Physica, Sp. 1117–1352

270 J. B. Pitra (Hg.): Analecta Sacra. Bd. 8. Paris 1882, darin: S. Hildegardis Opera. Liber compositae medicinae de aegritudinum causis, signis atque curis, S. 468–482

271 Paul Kaiser: Hildegardis Causae et curae. Leipzig 1903

272 Paul Diepgen: Frau und Frauenheilkunde in der Kultur des Mittelalters. Stuttgart 1963, S. 74. Ähnlich urteilen andere Fachleute.

273 Peter Ketsch: Frauen im Mittelalter. Bd. 1: Frauenarbeit im Mittelalter. Quellen und Materialien. Düsseldorf 1983 (Geschichtsdidaktik 14), S. 260 f.; im folgenden zitiert: Ketsch.

274 Das Buch von den Steinen. Nach

den Quellen übersetzt und erläutert von Peter Riethe. Salzburg [2]1986, S. 13f.; C. Jessen: Über Ausgaben und Handschriften der medizinisch-naturhistorischen Werke der heiligen Hildegard. In: Sitzungsbericht der Kaiserl. Akademie der Wissenschaften, Math.-naturwiss. Klasse 45 (1862), S. 97–116; Heinrich Schipperges: Einflüsse arabischer Medizin auf die Mikrokosmosliteratur des 12. Jahrhunderts. In: P. Wilpert (Hg.): Miscellanae mediaevalia. Bd. 1. Berlin 1962 (Veröff. des Thomas-Instituts an der Universität Köln), S. 129–153

275 Was Lieven Van Acker über den Briefwechsel bemerkt, gilt auch für Volmars andere Schreibarbeiten: Van Acker meint, bei «einem Versuch, Volmars und Wiberts Verarbeitung im Rahmen eines historisch noch akzeptablen, mit der Endredaktion eines Briefkorpus verbundenen Anpassungsverfahrens zu rechtfertigen, müßten, jedenfalls unserer Auffassung nach, zu viele wesentliche Momente außer Betracht gelassen werden». Daraus schließt er, daß «die Tendenz zur Prestigesteigerung [...] eingreifende Änderungen» notwendig und erwünscht machte. Van Acker 1989, S. 151

276 Vgl. dazu Ketsch, S. 267–276. Hier auch über Hildegard.

277 Ketsch, S. 267–269

278 Über die Verehrung weiser Frauen schon bei den Germanen berichtet Publius Cornelius Tacitus in «Germania», Kap. 8.

279 Zu Hildegards Elementenlehre vgl.: Heilkunde. Das Buch von dem Grund und Wesen und der Heilung der Krankheiten. Nach den Quellen übersetzt und erläutert von Heinrich Schipperges. Salzburg [4]1981, S. 45f.; im folgenden zitiert: Heilkunde.

280 Wolfram von Eschenbach: Parzival. Berlin 1965, S. 351 (Kap. XV, 773)

281 Vgl. besonders Hartmann von Aues «Der arme Heinrich»

282 Naturkunde. Das Buch von dem inneren Wesen der verschiedenen Naturen in der Schöpfung. Nach den Quellen übersetzt und erläutert von Peter Riethe. Salzburg [4]1989, S. 58; im folgenden zitiert: Naturkunde.

283 Naturkunde, S. 58f.

284 Naturkunde, S. 59

285 Sie beruht auf dem Analogieschluß, daß Ähnliches durch Ähnliches geheilt werde. Vgl. Heilmittel, S. 171

286 Naturkunde, S. 61

287 Die literarische Überlieferung kennt die Sage ebenfalls. Dazu gehören der Artikel Jacob Grimms (o. T.), beginnend: «Die polnischen Juden machen nach gewissen gesprochenen Gebeten [...] die Gestalt eines Menschen...» In: Zeitung für Einsiedler. Nr. 7 (23. April 1808), S. 56; und die Erschaffung von Golem-Bella in Achim von Arnims Novelle «Isabella von Ägypten».

288 Naturkunde, S. 143

289 Johann Arnold Kanne: Panglossium. Hs. UB Erlangen, Ms. 2391: «Beide so verschiedene Bedeutungen: Wasser, Feuer und Licht, vereint nun dieselbe semitische Sprache [...] in der Form ‹nahar› arab. und hebr. fließen, strömen, syr. und chald. leuchten, glänzen, als Nomen arab. ‹nahr›, hebr. ‹nahar› der Fluß, arab. ‹naher›, der Tag (das Licht).» (Kap. I, Par. 2)

290 Naturkunde, S. 143

291 Naturkunde, S. 57, S. 143

292 Naturkunde, S. 25
293 Heilmittel, S. 107 f.
294 Vgl. dazu Tacitus: Germania. Kap. 10
295 Heilmittel, S. 43
296 Naturkunde, S. 44
297 Scivias, S. 130
298 Ausführlich besprochen in: Heilmittel, S. 129 f.
299 Naturkunde, S. 28
300 Naturkunde, S. 76 f.
301 Naturkunde, S. 70 f.
302 Gerd Heinz-Mohr: Lexikon der Symbole, S. 311
303 Vgl. Helene M. Kastinger Riley: Einige Bemerkungen zur Interpretation der Runeninschrift auf dem Eibenholzkästchen von Garbølle. In: Acta Philologica Scandinavica 30 (1975), S. 17–20; und Tacitus: Germania, Kap. 10
304 Naturkunde, S. 71
305 Naturkunde, S. 68 f.
306 Analog ihrer stachligen Form wird die Mariendistel z. B. gegen Herzstechen empfohlen. Vgl. Heilmittel, S. 170–172
307 Aspirin enthält als wirksamen Bestandteil Acetylsalicylsäure. Heilmittel, S. 35
308 Naturkunde, S. 77
309 Hermann Fischer: Die heilige Hildegard von Bingen, die erste deutsche Naturforscherin und Ärztin. Ihr Leben und Werk. München 1927 (Münchener Beiträge zur Geschichte und Literatur der Naturwissenschaften und Medizin 377, H. 7/8. 1927), S. 460
310 Die komplizierte Qualitätenlehre von Claudius Galenus hat Hildegard kaum aus eigenen Studien gekannt.
311 Heilkunde, S. 94
312 Heilkunde, S. 100
313 Heilkunde, S. 112 f.
314 Vgl. Ketsch, S. 260–295, bes. S. 263–267; auch Diepgen, S. 136–169, bes. S. 168; und Walter Artelt: Die ältesten Nachrichten über die Sektion menschlicher Leichen im mittelalterlichen Abendland. In: Abh. zur Geschichte der Medizin u. d. Naturwiss. Heft 34 (1940), S. 20 und S. 25
315 Heilkunde, S. 146
316 Heilkunde, S. 135
317 Heilkunde, S. 137 f.
318 Heilkunde, S. 141
319 Heilkunde, S. 205
320 Heilkunde, S. 145
321 Heilkunde, S. 143 f.
322 Heilkunde, S. 145
323 Heilkunde, S. 206
324 Heilkunde, S. 180
325 Heilkunde, S. 209
326 Heilkunde, S. 208
327 Heilkunde, S. 176
328 Heilkunde, S. 149
329 Heilkunde, S. 124. Schipperges übersetzt diese Kräfte so: «das triebhafte Wollen (voluntas), das aufmerksame Erwägen (consideratio), ein besonderes Vermögen (potestas) und schließlich die Übereinstimmung (consensus)».
330 Heilkunde, S. 125
331 Heilkunde, S. 126 f.
332 Frank J. Sulloway: Freud. Biologist of the Mind. New York 1979, S. 161 (meine Übersetzung). Die «kritische Periode» bezieht sich auf den Zeitpunkt, an dem eine visuelle Differenzierung zwischen menschlichem Embryo und dem anderer Säugetiere eintritt.
333 Heilkunde, S. 130
334 Heilkunde, S. 182
335 Heilkunde, S. 130
336 Heilkunde, S. 182
337 Heilkunde, S. 181
338 Heilkunde, S. 182
339 Heilkunde, S. 234
340 Heilkunde, S. 170
341 Heilkunde, S. 233
342 Heilkunde, S. 162 f.

343 Heilkunde, S. 257
344 Heilkunde, S. 153
345 Heilkunde, S. 225
346 Heilkunde, S. 253
347 Heilkunde, S. 181
348 Heilkunde, S. 250
349 Wörterbuch der Unbekannten Sprache (Lingua ignota). In der Reihenfolge der Manuskripte, sowie alphabetisch nach Unbekannter Sprache, lateinischer Übersetzung, mittelhochdeutscher Übersetzung und moderner Übersetzung, unter Mitarbeit von Dr. Marie-Louise Portmann und Alois Odermatt. Basel 1986
350 DOD, S. 310 f.
351 Wörterbuch der Unbekannten Sprache, S. X
352 Wilhelm Grimm, J. B. Pitra und F. W. E. Roth befaßten sich mit der «Lingua ignota» im 19. Jahrhundert. Schrader und Führkötter besprechen sie kurz in Echtheit, S. 51–54.
353 Gottfried Hertzka: Das Wunder der Hildegard-Medizin. Aschaffenburg 1978 u. a.
354 Heilmittel, Einführung, S. 9
355 Vgl. Werner Lauter: Nachleben
356 Werner Lauter: Hildegard-Bibliographie. Wegweiser zur Hildegard-Literatur. Band 2. 1970 bis 1982. Alzey 1984, S. 67–89

Zeittafel

1098	Papst Urban II. ruft zum ersten Kreuzzug nach Jerusalem auf. Hildegard wird in Bermersheim bei Alzey in der Pfalz als 10. und letztes Kind von Hildebert und Mechtild von Bermersheim geboren.
1101	Hildegard hat ihre erste Vision.
1103	Seit ihrem fünften Lebensjahr entfalten sich ihr bewußt Deutungen geistiger Gesichte.
1106	Hildegard wird der Pflege Jutta von Spanheims übergeben. Einzug in die Klause neben dem Benediktinerkloster auf dem Disibodenberg an der Nahe. Hildegard lernt weibliche Handarbeiten und das Singen von Psalmen. Sie erzählt Jutta von ihren Visionen.
1108–1143	Hildegard verfolgt den Bau und die Weihe der neuen Kirche auf dem Disibodenberg.
1136	Am 22. Dezember stirbt Jutta von Spanheim. Hildegard wird einstimmig von den Nonnen zur Nachfolgerin Juttas gewählt.
1141	Hildegard empfängt das göttliche Gebot, ihre Visionen aufzuschreiben. Sie berichtet Abt Kuno von dem Auftrag. Der Mönch Volmar und die Nonne Richardis von Stade werden Hildegards Sekretäre. Beginn der Arbeit an *Scivias*.
1147	Papst Eugen III. wird in Trier von Erzbischof Heinrich von Mainz über Hildegards Berufung unterrichtet und beauftragt eine Untersuchung durch eine Prüfungskommission. Der erste überlieferte Brief Hildegards (an Bernhard von Clairvaux) datiert aus diesem Jahr.
1150	Hildegard übersiedelt mit 18 bis 20 Nonnen in das von ihr neu gegründete Kloster auf dem Rupertsberg. Volmar wird der erste Propst des Konvents.
1151	Hildegards Erstlingswerk *Scivias* vollendet.
1151–1158	Abfassung der heil- und naturkundlichen Schriften *Liber simplicis medicinae* (= *Physica*); *Liber compositae medicinae* (= *Causae et curae*); *Symphonia harmoniae coelestium revelationum*; *Lingua ignota*.
1153	Brief an Papst Anastasius IV.
1158	*Liber vitae meritorum* begonnen.
1159	Vermutlich Reise entlang des Mains nach Bamberg.
1160	Vermutlich Reise entlang der Mosel bis Lothringen. Öffentliche Predigt in Trier.

1163	*Liber vitae meritorum* vollendet. *Liber divinorum operum* begonnen. Barbarossa stellt dem Kloster den kaiserlichen Schutzbrief aus, der den Rupertsberg vor Angriffen bewahrt. Vermutlich Rheinreise. Hildegard predigt in Köln vor Klerus und Volk.
1165	Hildegard übernimmt das verlassene Kloster in Eibingen bei Rüdesheim.
1170	Vermutlich Reise ins Schwäbische mit Aufenthalten in den Klöstern Maulbronn, Hirsau und Zwiefalten.
1170–1173	Lange Krankheit.
1173	*Liber divinorum operum* vollendet.
1177	Brief an Wibert von Gembloux.
1179	Letzter erhaltener Brief Hildegards, gerichtet an Erzbischof Christian von Mainz. Am 17. September stirbt Hildegard.
1227	Papst Gregor IX. leitet den Heiligsprechungsprozeß ein.
1233	Das erste Kanonisationsprotokoll wird nach Rom gesandt.
1237	Rücksendung des Protokolls nach Mainz zur Korrektur.
1243	Papst Innozenz IV. verlangt das berichtigte Protokoll.
1489	Hildegards Schrein in der Gruft des Rupertsbergs wird geöffnet.
1498	Zweite Öffnung des Hildegardschreins. Im 15. Jh. Hildegard als «Nonne und Prophetin» im Martyrologium eingetragen.
1631	Am 29. November verlassen Äbtissin und Nonnen während des Dreißigjährigen Krieges Kloster Rupertsberg.
1636	Zurückkehrende Nonnen finden nur eine Ruine am Rupertsberg und siedeln ins Kloster Eibingen über.
1683	Notwendiger Neubau der Eibinger Klosterkirche.
1802	Aufhebung des Klosters.
1814	Räumung des Klosters. Die Eibinger Klosterkirche wird in einen Kanonenschuppen umgewandelt.
1817	Süd- und Westflügel des Klosters abgerissen.
1831	Die Gemeinde Eibingen erwirbt die Reste des Klosters. Neuweihung der Klosterkirche am 17. August.
1900–1904	Bau der Abtei St. Hildegard oberhalb Rüdesheim.
1932	In der Nacht vom 3. zum 4. September Brand der ehemaligen Klosterkirche. Neubau der Kirche beginnt bald danach.
1935	Neuweihung der Eibinger Kirche am 14. Juli mit Hildegardis-Altar und Reliquienschrein.

Zeugnisse

Wolfgang Stammler

Eine schöpferische Systematik befähigt diese bedeutendste Frau ihres Zeitalters, in «Scivias» eine Dogmatik, im «Liber vitae meritorum» eine Ethik aufzubauen, allerdings nicht in diskursiver Besprechung, sondern in großartigen Bildinspirationen.

Deutsche Philologie im Aufriß. Bd. 2. 1960

Engelbert Krebs

Auf Grund dieser Schriften («Physica», «Causae et curae») hat man Hildegard als die erste schriftstellernde Ärztin Deutschlands bezeichnet. [...] Hildegard war die einflußreichste Frau ihres Jahrhunderts.

In: Wolfgang Stammler: Die Deutsche Literatur des Mittelalters. Bd. 2. 1936

Carol Neuls-Bates

Die Äbtissin Hildegard von Bingen (1098–1179) ist die einzige Komponistin sakraler Musik des Mittelalters, von der ein bedeutendes Liederopus erhalten ist.

Hildegard of Bingen. 1986

Christel Meier

Das Wirken der Naturwissenschaftlerin und Ärztin, der Liederdichterin und Komponistin, Äbtissin und Klostergründerin, der Predigerin und Ratgeberin vieler, auch der höchstgestellten Zeitgenossen – erstaunliche Funktionen und Fähigkeiten allesamt – ist nicht von derselben hohen Relevanz wie die Ausübung des Schreibens. Die Autorschaft wurde hier – zum ersten Mal – zum Zentrum der Existenz, und sie verlieh Hildegard auch die Autorität in den anderen Bereichen ihrer Tätigkeit.

In: Deutsche Literatur von Frauen. Bd. 1. 1988

M. Immaculata Ritscher

Damit kommen wir zu einem Phänomen, das in der Musikgeschichte einmalig dasteht: Hildegards musikschöpferische Tätigkeit. [...] Hildegard hat als einzige Frau des deutschen Mittelalters ein umfangreiches und in sich geschlossenes Musikwerk geschaffen, in dem sie kühn eigene Wege beschreitet. Sie umgreift darin ein für die damalige Zeit im Umbruch befindliches «modernes» Tonalitätsempfinden – Dur und Moll – und schafft damit etwas Neues.

Gesänge der hl. Hildegard von Bingen, Beiheft

Bildpostkarte, um 1910

Odo von Soissons (?)
Man sagt, daß du [...] vieles schaust und durch Schriften hervorbringst sowie neue Liedweisen erfindest.

Briefwechsel. 1965

Joseph Gmelch
Ihre Melodie ist die Sprache ihrer Seele, und in diesem Sinne ist ihre Musik modern.

Die Kompositionen der heiligen Hildegard. O. D.

Lieven Van Acker
Es ist u. E. sogar nicht abwegig, anzunehmen, daß die Idee, ein nach der Hierarchie angeordnetes «Briefbuch» als geistliche Botschaft zusammenzustellen, durch Bernhards Vorbild angeregt worden ist. Doch hört der Parallelismus wohl auf, wo Hildegards Kompilation dem Vorwurf der allzu kühnen, nicht uneigennützigen Verdrehung, sogar der Fiktion nicht mehr entgehen kann.

Der Briefwechsel der heiligen Hildegard. 1989

Bruce Hozeski

Es darf kaum verwundern, daß Hildegards Bedeutung manchmal mit jener von Schriftstellern wie Dante und Blake verglichen wird. Sie ist die erste große deutsche Mystikerin. Die illuminierten Manuskripte, die ihre Visionen [...] aufzeichnen und kommentieren, sind für die Geschichts- und Mystikforschung von Bedeutung. Ihr *Ordo virtutum* [...] ist die älteste bisher entdeckte Moralität, und ihre restlichen Schriften tragen wesentlich zur Einsicht in das menschliche Verhältnis zum Kosmos und zum Verständnis der mittelalterlichen Medizin bei.

An Encyclopaedia of Continental Women Writers. Bd. 2. 1971

Kent Kraft

Es wäre unschwer zu beweisen, daß der Inbegriff des «prophetischen Geistes» im Europa des 12. Jahrhunderts eine Frau war. Und aufgrund ihrer Schriften wäre es nicht unbillig zu behaupten, daß sie auch das «poetische Genie» besser verkörpert als die meisten ihrer männlichen Gegenstücke. [...] Denn Hildegard von Bingen, Wissenschaftlerin und Mystikerin, Dichterin und Dramatikerin, gab ihrem Zeitalter nicht nur eine Vision der Geschichte und ihrer göttlichen Vollendung, sondern sie schuf auch ein Porträt der Welt und eine Sprache, sie zu beschreiben, die zugleich frisch und gewaltig waren.

Mediaeval Women Writers. 1984

Bibliographie

1. Bibliographien, Kataloge, Forschungsberichte

Gössmann, Elisabeth: Zu den neuesten Ergebnissen der Hildegard-Forschung. In: Theologische Revue 91 (1995), Nr. 3, Sp. 195–216

Jessen, C.: Über Ausgaben und Handschriften der medicinisch-naturhistorischen Werke der hl. Hildegard. Sitzungsbericht d. Kaiserl. Akad. d. Wissensch. Math.-naturwiss. Klasse 45 (1862), S. 97–116

Koch, Josef: Der heutige Stand der Hildegard-Forschung. In: Hist. Zschr. 186 (1958), S. 558–572

Lauter, Werner: Hildegard-Bibliographie. Wegweiser zur Hildegard-Literatur [Bd. 1]. Alzey 1970 (Alzeyer Geschichtsblätter, Sonderheft 4)

–: Hildegard-Bibliographie. Wegweiser zur Hildegard-Literatur. Bd. 2. 1970–1982. Alzey 1984

Lehrbach, Heike: Am Rupertsberg. Katalog zur internationalen Ausstellung «Hl. Hildegard von Bingen 1179–1979» aus Anlaß des 800. Todestages der Heiligen: Haus «Am Rupertsberg», Bingen-Bingerbrück, 15. 9.–21. 10. 1979. Mainz 1979

Linde, Antonius Van Der: Die Handschriften der königlichen Landesbibliothek in Wiesbaden. Wiesbaden 1877

Müller, Irmgard: Bibliographie zur Natur- und Heilkunde Hildegards von Bingen. In: Dies.: Die pflanzlichen Heilmittel bei Hildegard von Bingen. Salzburg 1982, S. 208–215

Roth, F. Wilhelm Emil: Zur Bibliographie der hl. Hildegardis, Meisterin des Klosters Rupertsberg bei Bingen OSB. In: Quartalblätter des historischen Vereins für das Großherzogtum Hessen (1886), S. 221–233; (1887), S. 78–88

2. Werke

a) Handschriften (Lateinisch)

Liber Scivias

Liber vitae meritorum

Liber divinorum operum

Liber simplicis medicinae (Liber subtilitatum diversarum naturarum creaturarum)

Liber compositae medicinae de aegritudinum causes signis atque curis

Liber expositionis quorundam Evangeliorum
Symphonia harmoniae coelestium revelationum
Ordo virtutum
Lingua ignota
Regulae S. Benedicti explanatio
Explanatio symboli S. Athanasii
Vita S. Ruperti
Vita S. Disibodi
Liber Epistolarum
Novae epistolae
Fragmenta

b) Gesamtausgaben (Lateinisch)

S. Hildegardis abbatissae opera omnia. In: Jacques Paul Migne (Hg.): Patrologiae latinae cursus completus... Series prima. Bd. 197. Paris 1882. Darin: Liber Scivias Domini, S. 383–738; Liber divinorum operum, S. 739–1038; Liber simplicis medicinae, S. 1117–1352; Regulae S. Benedicti, S. 1053–1066; Explanatio symboli S. Athanasii, S. 1065–1082; Vita S. Ruperti, S. 1081–1094; Vita S. Disibodi, S. 1095–1116; Liber Epistolarum, S. 145–382. Darin auch die Hildegard-Biographie: Vita auctoribus Godefrido et Theodorico, S. 91–130; und das Kanonisationsprotokoll: Acta inquisitionis de virtutibus et miraculis Sanctae Hildegardis

S. Hildegardis Opera. In: Pitra, J. B. (Hg.): Analecta sacra. Bd. 8. Paris 1882. Darin: Liber vitae meritorum, S. 1–244; Liber compositae medicinae de aegritudinum causis signis atque curis, S. 468–482; Liber expositionis quorundam evangeliorum, S. 245–327; Symphonia harmoniae coelestium revelationum, S. 441–467; Ordo virtutum, S. 457–465; Lingua ignota, S. 496–502; Novae epistolae, S. 328–440

c) Wichtige Einzelausgaben (Lateinisch)

Schott, J.: Hildegardis Physica. Straßburg 1533 (= Liber simplicis medicinae)

Trithemius, J.: Opera historica. Frankfurt a. M. 1601

Kaiser, Paul: Hildegardis Causae et curae. Leipzig 1903 (= Liber compositae medicinae)

Schipperges, Heinrich: Ein unveröffentlichtes Hildegard-Fragment. Fragmenta. Cod. Berolin. Lat. Qu. 674. In: Sudhoffs Arch. Gesch. Med. 40 (1956), S. 41–77 (= Elementenlehre)

d) Historisch-kritische Ausgabe (Lateinisch)

Hildegardis Scivias. Hg. von Adelgundis Führkötter und Angela Carlevaris. Turnhout 1978 (Corpus Christianorum. Continuatio Mediaevalis. 43. 43 A)

Guiberti Gemblacensis. T. 1. Epistolae I–XXIV. Hg. von Alberti Derolez und Lieven Van Acker. Turnhout 1988 (Corpus Christianorum. Continuatio Mediaevalis 66). Darin: Epistolae XVI–XXIV an Hildegard und die Rupertsberger Nonnen, S. 216–257

Vorgesehen sind (mit Bearbeitern):

Causae et curae (Heinrich Schipperges)
Epistolae (Lieven Van Acker)
Liber divinorum operum (Albert Derolez und Peter Dronke)
Liber vitae meritorum (Angela Carlevaris)
Physica (Irmgard Müller)

e) Wichtige Einzelausgaben (Deutsch) in Auswahl

Leben und Schriften der heiligen Hildegard. Zum ersten Male verdeutscht und herausgegeben von Ludwig Clarus (Wilhelm Volk). 2 Bde. Regensburg 1854, darin auch: Hildegards Auslegung der Benediktinerregel, Leben des hl. Rupert und hl. Disibodus

Briefwechsel. Nach den ältesten Handschriften übersetzt und nach den Quellen erläutert von Adelgundis Führkötter OSB. Salzburg 1965

Welt und Mensch. Das Buch «De Operatione Dei». Aus dem Genter Kodex übersetzt und erläutert von Heinrich Schipperges. Salzburg 1965

Lieder. Nach den Handschriften hg. von Pudentiana Barth OSB, M. Immaculata Ritscher OSB und Joseph Schmidt-Görg. Salzburg 1969

Heilkunde. Das Buch von dem Grund und Wesen und der Heilung der Krankheiten. Nach den Quellen übersetzt und erläutert von Heinrich Schipperges. Salzburg ^{4}1981

Heilmittel. Erste vollständige und wortgetreue Übersetzung, bei der alle Hs. berücksichtigt sind, von Marie-Louise Portmann. Buch 1: Von den Pflanzen. Buch 3: Von den Bäumen. Basel 1982

Der Mensch in der Verantwortung. Das Buch der Lebensverdienste (Liber vitae meritorum). Übersetzt und erläutert von Heinrich Schipperges. Salzburg^{2} 1985

Das Buch von den Steinen. Nach den Quellen übersetzt und erläutert von Peter Riethe. Salzburg ^{2}1986

Wörterbuch der unbekannten Sprache (Lingua ignota). In der Reihenfolge der Manuskripte, sowie alphabetisch nach Unbekannter Sprache, lateinischer Übersetzung, mittelhochdeutscher Übersetzung und moderner Übersetzung, unter Mitarbeit von Dr. Marie-Louise Portmann und Alois Odermatt. Basel 1986

Wisse die Wege. Scivias. Nach dem Originaltext des illuminierten Rupertsberger Kodex der Wiesbadener Landesbibliothek ins Deutsche übertragen von Maura Böckeler. Salzburg ^{8}1987

Naturkunde. Das Buch von dem inneren Wesen der verschiedenen Naturen in der Schöpfung. Nach den Quellen übersetzt und erläutert von Peter Riethe. Salzburg ^{4}1989

f) Wichtige fremdsprachige Ausgaben in Auswahl

Le Livre des œuvres divines. Hg. und übers. von Bernard Gorceix. Paris 1982

Newman, Barbara J.: Hildegard of Bingen: Symphonia armonie celestium revelationum. Ithaca, NY 1988

Scivias. Übersetzt von Mother Columba Hart und Jane Bishop. New York 1990

g) Audiokassetten, CDs, Videokassetten

A Feather on the Breath of God. Sequences and Hymns (Audiokassette). Gothic Voices. Dir.: Christopher Page (Ocean, NJ: Musical Heritage Society MHC 6889T), 1982

Gesänge (Audiokassette). Schola der Benediktinerinnenabtei St. Hildegard. Leitung: M. Immaculata Ritscher OSB (Psallite 242 MC), o. J.

Hildegard von Bingen. Symphoniae. Geistliche Gesänge. Ensemble: Sequentia. deutsche harmonia mundi 77020-2-RG., 1989

Ordo virtutum (CD). Ensemble: Sequentia (New York: BMG Music, deutsche harmonia mundi 77051-2-RG) 1990. 2 Langspielplatten (auch EMI Electrola 1982)

Hildegard von Bingen und ihre Zeit (CD). Geistliche Musik des 12. Jahrhunderts. ensemble für frühe musik augsburg (Christophorus musica practica 74584)

VISION. The Music of Hildegard von Bingen (CD). Original compositions, arrangements, and interpretations. Richard Souther, Emily Van Evera, Sr. Germaine Fritz OSB (Angel 1994)

Hildegard von Bingen. Canticles of Ecstasy. Ensemble: Sequentia. CD 40992; Audiokassette 41013

Die großen Heiligen. Hildegard von Bingen (Video, VHS). 30 Min.

3. Ausgewählte Literatur. Allgemeines
(Zur älteren Literatur s. Werner Lauters Bibliographie)

a) Gesamtdarstellungen

Flanagan, Sabina: Hildegard of Bingen, 1098–1179. A Visionary Life. London, New York 1989

Führkötter, Adelgundis, OSB (Hg.): Das Leben der heiligen Hildegard von Bingen. Düsseldorf 1968

–: Hildegard von Bingen. Salzburg ³1983

Kerner, Charlotte: Alle Schönheit des Himmels. Weinheim 1993

Kraft, Kent: The German Visionary: Hildegard of Bingen. In: K. Wilson (Hg.): Medieval Women Writers. Athens, Georgia 1984, S. 109–130

Schipperges, Heinrich: Hildegard von Bingen. Ein Zeichen für unsere Zeit. Frankfurt a. M. ²1988

Schmelzeis, J. Ph.: Das Leben und Wirken der hl. Hildegardis nach den Quellen dargestellt. Freiburg 1879

Termolen, Rosel: Hildegard von Bingen, Biographie. Augsburg 1989

Wimmer, Albert K.: Hildegard von Bingen. In: Anthology of Medieval German Literature. Berrien Springs, MI ²1991, S. 429–433

b) Studien zu Leben und Werk

Brandt, Hans-Jürgen: Hildegard von Bingen 1098–1179. Orientierung und Auftrag. Mülheim a. d. Ruhr 1980

Caspary, Hans: Zur Geschichte und Rekonstruktion der Klosterkirche der hl. Hil-

degard auf dem Rupertsberg bei Bingen. In: Denkmalpflege in Rheinland-Pfalz. Festschr. f. W. Bornheim gen. Schilling. 1980, S. 59–71
Dinzelbacher, Peter: Körperliche und seelische Vorbedingungen religiöser Träume und Visionen. In: T. Gregory (Hg.): I sogni nel medioevo. Rom 1985, S. 57–86
Dobler, Ursula: Die Lebenswende als Reifungskrisis, dargestellt am Beispiel schöpferischer Frauen. Diss. München 1961, über Hildegard: S. 76–86
Flanagan, Sabina: «Spiritualis Amicitia» in a Twelfth-Century Convent? Hildegard of Bingen and Richardis of Stade. In: Parergon. Bulletin of the Australian and New Zealand Association for Medieval and Renaissance Studies 29 (April 1981), S. 15–21
Grant, Barbara L.: An Interview with the Sybil of the Rhine: Hildegard von Bingen (1098–1179). In: Heresies 3, H. 2 (Summer 1980), S. 6–10
–: Hildegard and Wisdom. In: 14th C. English Mystics Newsletter 7 (1981), S. 8–19
Hattemer, Margarete: Gesichte und Erkrankungen der Hildegard von Bingen. In: Hippokrates. Zeitschr. für Einheitsbestrebungen der Gegenwartsmedizin 3 (1930), S. 125–149
Herwegen, Ildefons: Les collaborateurs de Ste. Hildegarde. In: Revue bénédictine 21 (1904), S. 192–203, S. 302–315, S. 381–403
Koch, Helga: Menneskebillede og tilvaerelsesforstaaelse hos Hildegard af Bingen. In: Kredsen. Teologi, aestetik, filosofi. Medlemsblad for Studenterkredsen i Koebenhavn, Odense og Aarhus 54, H. 1 (1988), S. 81–96
Lauter, Werner: Das Nachleben der heiligen Hildegard von Bingen. Binger Geschichtsblätter 6. F. (1981), S. 1–55 (Historische Gesellschaft Bingen)
–: Interesse an Hildegard von Bingen auf dem Kongreß in Kalamazoo. In: Rheingau Forum 3 (1995), 4. Jg., S. 13–15
Meier, Christel: Hildegard von Bingen. In: Die deutsche Literatur des Mittelalters. Verfasserlexikon. Bd. 3 (^{2}1981), S. 1257–1280
Pretsch, H. J.: Die Kontakte des Benediktiner-Doppelklosters in Zwiefalten mit Hildegard von Bingen und Abt Bertholds Konflikt mit seinem Konvent. In: Archiv f. mittelrhein. Kirchengeschichte 38 (1986), S. 147–173
Riedel, Ingrid: Hildegard von Bingen. In: Anstöße 30, H. 2 (1983), S. 44–54
Sacks, Oliver: Migräne. Reinbek 1996; über Hildegard S. 445–448
Schmitt, Miriam, OSB: Blessed Jutta of Disibodenberg: Hildegard of Bingen's Magistra and Abbess. In: American Benedictine Review 40, H. 2 (Juni 1989), S. 170–189
Schrader, D. Marianna, OSB: Heimat und Sippe der deutschen Seherin Sankt Hildegard. Salzburg 1941
–: Die Heimat und Abstammung der hl. Hildegard. In: Studien und Mitteilungen zur Geschichte des Benediktinerordens und seiner Zweige 54 (1936), S. 199–221
–: Zur Heimat- und Familiengeschichte der hl. Hildegard. In: Studien und Mitteilungen zur Geschichte des Benediktinerordens und seiner Zweige 57 (1939), S. 117–133
Selby, G.: Migraine and its Variants. Sydney 1983
Siegel, Ronald K., West, Louis Jolyon: Hallucinations. Behavior, Experience, and Theory, New York 1958, S. 443–452

c) Zur Sozial- und Zeitgeschichte

Diepgen, Paul: Frau und Frauenheilkunde in der Kultur des Mittelalters. Stuttgart 1963

Dronke, Peter: Women Writers of the Middle Ages. A Critical Study of Texts from Perpetua († 203) to Marguerite Porete († 1310). Cambridge 1984

Ferrante, Joan M.: The Education of Women in the Middle Ages in Theory, Fact, and Fantasy. In: P. H. Labalme (Hg.): Beyond Their Sex. Learned Women of the European Past. New York 1980, S. 9–42

Kerby-Fulton, Kathryn: A Return to «The First Dawn of Justice»: Hildegard's Visions of Clerical Reform and the Eremitical Life. In: American Benedictine Review 40, H. 4 (Dez. 1989), S. 383–407

Ketsch, Peter: Frauen im Mittelalter. Bd. 1: Frauenarbeit im Mittelalter. Quellen und Materialien. Düsseldorf 1983

Ruh, Kurt: Geschichte der abendländischen Mystik. Bd. 1: Die Grundlegung durch die Kirchenväter und die Mönchstheologie des 12. Jahrhunderts. München 1990

Semmelroth, O.: Institution und Charisma. In: Geist und Leben 36 (1963), S. 443–454

Weinhold, Karl: Die deutschen Frauen im Mittelalter. Bd. 2. Wien [3]1897

4. Untersuchungen

a) Quellenstudien und Quellenprobleme

Dronke, Peter: Problemata Hildegardiana. Mittellateinisches Jahrbuch. Internationale Zeitschrift für Mediävistik 16 (1981), S. 97–131

Jessen, C.: Über Ausgaben und Handschriften der medizinisch-naturhistorischen Werke der heiligen Hildegard. In: Sitzungsbericht der Kaiserl. Akademie der Wissenschaften, Math.-naturwiss. Klasse 45 (1862), S. 97–116

Schrader, Marianna, Fuhrkötter, Adelgundis: Die Echtheit des Schrifttums der heiligen Hildegard von Bingen. Quellenkritische Untersuchungen. Graz 1956

Van Acker, Lieven: Der Briefwechsel der heiligen Hildegard von Bingen. Vorbemerkungen zu einer kritischen Edition. In: Revue bénédictine 98 (1988), S. 141–168; 99 (1989), S. 118–154

b) Zu Sprache, Allegorie, Symbol

Dronke, Peter: Arbor Caritatis. In: P. L. Heyworth (Hg.): Medieval Studies for J. A. W. Bennett. Oxford 1981, S. 228–233

–: Poetic Individuality in the Middle Ages. New Departures in Poetry 1000–1150. London 1986

Heinz-Mohr, Gerd: Lexikon der Symbole. Bilder und Zeichen der christlichen Kunst. Düsseldorf [2]1972

Gössmann, Elisabeth: Maß- und Zahlenangaben bei Hildegard von Bingen. In: Zimmermann (Hg.): Mensura. Maß, Zahl, Zahlensymbolik im Mittelalter. Berlin 1983/84, S. 294–309 (Miscellanea mediaevalia, Bd. 16/1.2)

Kraft, Kent: Hermetic Involvement in Hildegard of Bingen and William Blake.

Proceedings of the Xth Congress of the Intern. Comp. Lit. Association. Bd. 2. New York 1985, S. 551–557
Maisonneuve, Roland: Le Symbolisme sacré des couleurs chez deux mystiques médiévales: Hildegarde de Bingen, Julienne de Norwich. In: Les Couleurs au Moyen Age. Aix-en-Provence 1988, S. 253–272
Meier, Christel: Zwei Modelle von Allegorie im 12. Jahrhundert: Das allegorische Verfahren Hildegards von Bingen und Alans von Lille. In: Haug (Hg.): Formen und Funktionen der Allegorie. Stuttgart 1979, S. 70–89
–: «Virtus» und «operatio» als Kernbegriffe einer Konzeption der Mystik bei Hildegard von Bingen. In: M. Schmidt und D. Bauer (Hg.): Grundfragen christlicher Mystik. Wissenschaftliche Studientagung Theologia mystica in Weingarten vom 7.–10. Nov. 1985. Stuttgart-Bad Cannstatt 1987, S. 73–101 (Mystik in Geschichte und Gegenwart, Abt. 1, Bd. 5)
–: Nostris temporibus necessaria. Wege und Stationen der mittelalterlichen Hildegard-Rezeption. In: U. Ernst und Bernhard Sowinski (Hg.): Architectura poetica. Festschrift für Johannes Rathofer zum 65. Geburtstag. Köln 1990, S. 307–325 (Kölner germanistische Studien 30)
Tiefe des Gotteswissens – Schönheit der Sprachgestalt bei Hildegard von Bingen. Internationales Symposium in der Katholischen Akademie Rabanus Maurus Wiesbaden-Naurod vom 9. bis 12. September 1994. Hg. von Margot Schmidt. In: Mystik in Geschichte und Gegenwart. Hg. von Margot Schmidt und Helmut Riedlinger. Bd. I, 10. Stuttgart-Bad Cannstatt 1995
Wentzlaff-Eggebert, Friedrich W.: Wortsinn und Bildbedeutung bei Hildegard von Bingen. In: Hildegard v. Bingen. Blätter der Carl-Zuckmayer-Ges. 5 (1979), S. 113–131

c) Zur Musik

Baumgartner, Alfred: Alte Musik. Von den Anfängen abendländischer Musik bis zur Vollendung der Renaissance. Wien 1981
Boenig, Robert: Music and Mysticism in Hildegard von Bingen's «O Ignis Spiritus Paracliti». In: Studia mystica 9, H. 3 (Fall 1986), S. 60–72
Gmelch, Joseph: Die Kompositionen der heil. Hildegard. Nach dem großen Hildegardkodex in Wiesbaden phototypisch veröffentlicht. Düsseldorf o. J.
Grant, Barbara L.: Five Liturgical Songs by Hildegard von Bingen (1098–1179). In: Signs 5/3. Univ. of Chicago (Spring 1980), S. 566 f.
Neuls-Bates, Carol: Hildegard of Bingen: Abbess and Composer. In: Women in Music. An Anthology of Source Readings from the Middle Ages to the Present. Hg. von Carol Neuls-Bates. New York 1986
Ritscher, M. Immaculata, OSB: Gesänge der hl. Hildegard von Bingen. Beiheft zur Audiokassette (Psallite 242 MC)
–: Zur Musik der hl. Hildegard. In: Hildegard-Festschrift (1979), S. 189–210

d) Zur Natur- und Heilkunde

Artelt, Walter: Die ältesten Nachrichten über die Sektion menschlicher Leichen im mittelalterlichen Abendland. In: Abh. zur Geschichte der Medizin u. d. Naturwiss. Heft 34 (1940)

Brauner, Sigrid: «Studierte» Ärztinnen. In: Gabriele Becker u. a. (Hg.): Aus der Zeit der Verzweiflung. Frankfurt a. M. 1980, über Hildegard S. 98–106
Fischer, Hermann: Die heilige Hildegard von Bingen, die erste deutsche Naturforscherin und Ärztin. Ihr Leben und Werk. München 1927 (Münchner Beiträge zur Geschichte und Literatur der Naturwissenschaften und Medizin 377, H. 7/8 1927)
Führkötter, Adelgundis: Zum Stand der Hildegard-Forschung. In: E. Seidler (Hg.): Prinzipien einer medizinischen Anthropologie. Berlin 1984
Hertzka, Gottfried: Das Wunder der Hildegard-Medizin. Aschaffenburg 1978
Müller, Irmgard: Die pflanzlichen Heilmittel bei Hildegard von Bingen. Salzburg 1982
–: Die Stellung der Pflanzen in der Heilsordnung bei Hildegard von Bingen. In: Adelgundis Führkötter (Hg.): Kosmos und Mensch aus der Sicht Hildegards von Bingen. Mainz 1987, S. 27–36
Schipperges, Heinrich: Einflüsse arabischer Medizin auf die Mikrokosmosliteratur des 12. Jahrhunderts. In: P. Wilpert (Hg.): Miscellanae mediaevalia. Bd. 1. Berlin 1962 (Veröff. des Thomas-Instituts an der Univ. Köln)
Schmidt, Peter: Gesundheit und Krankheit in romantischer Medizin und Erzählkunst. In: Jahrbuch des Freien Deutschen Hochstifts (1966), S. 197–228
Singer, Charles Joseph: The Scientific Views and Visions of Saint Hildegard. In: Studies in the History and Method of Science 1. Oxford 1917, S. 1–55
Vos, Theo: Hildegard von Bingen: Von den Phlegmareichen. Vorbemerkung: Sexuologie einer Äbtissin im 12. Jahrhundert. In: Forum Homosexualität und Literatur 4 (1988), S. 93–95
Walker-Moskop, Ruth M.: Health and Cosmic Continuity in Hildegard of Bingen. Diss. University of Texas, Austin 1984
–: Health and Cosmic Continuity: Hildegard of Bingen's Unique Concerns. In: 14th C. English Mystics Quarterly 11, H. 1 (1985), S. 19–25

e) Zu Brauchtum und Magie

Becker, Gabriele u. a. (Hg.): Aus der Zeit der Verzweiflung. Zur Genese und Aktualität des Hexenbildes. Frankfurt a. M. [3]1980
Mayer, Sigrid: Golem. Die literarische Rezeption eines Stoffes. Bern 1975 (Utah Studies in Literature and Linguistics 2)
Riley, Helene M. Kastinger: Einige Bemerkungen zur Interpretation der Runeninschrift auf dem Eibenholzkästchen von Garbølle. In: Acta Philologica Scandinavica 30 (1975), S. 17–20
–: Idee und Gestaltung. Bern 1977 (Utah Studies in Literature and Linguistics 6)
Scholem, Gershom: Zur Kabbala und ihrer Symbolik. Zürich 1960
Singer, Charles Joseph: The Visions of Hildegard of Bingen. In: From Magic to Science. Essays on the scientific twilight. London, New York 1928, S. 199 bis 239
Thorndyke, Lynn: Saint Hildegard of Bingen. In: A History of Magic and Experimental Science During the First Thirteen Centuries of our Era. Bd. 2. New York 1923, S. 124–154

f) Zum Prophetentum

Baurle, Margret, Braun, Luzia: «Ich bin heiser in der Kehler meiner Keuschheit»: Über das Schreiben der Mystikerinnen. In: H. Gnug, R. Mohrmann: Frauen – Literatur – Geschichte. Schreibende Frauen vom Mittelalter bis zur Gegenwart. Stuttgart 1985, S. 1–15

Bund, Konrad: Die «Prophetin», ein Dichter und die Niederlassung der Bettelorden in Köln. Der Brief der Hildegard von Bingen an den Kölner Klerus und das Gedicht «Prophetia Sancte Hyldegardis de Novis Fratribus» des Magisters Heinrich von Avranches. In: Mittellateinisches Jahrbuch 23 (1988), S. 171–260

Czarski, Charles M.: The Prophecies of St. Hildegard of Bingen. Diss. Univ. of Kentucky 1983

Flanagan, Sabina: Hildegard of Bingen as Prophet: The Evidence of her Contemporaries. In: Tjurunga 32 (1987), S. 16–45

Frischmuth, Barbara: Eine souveräne Posaune Gottes: Gedanken zu Hildegard von Bingen und ihrem Werk. In: Women in German Yearbook 2 (1986), S. 11–21

Meier, Christel: Eriugena im Nonnenkloster? Überlegungen zum Verhältnis von Prophetentum und Werkgestalt in den «figmenta prophetica» Hildegards von Bingen. In: Frühmittelalterliche Studien 19 (1985), S. 466–497

–: Prophetentum als literarische Existenz. Hildegard von Bingen (1098–1179). Ein Portrait. In: Deutsche Literatur von Frauen. Hg. von Gisela Brinker-Gabler. Bd. 1. München 1988

Newman, Barbara J.: Hildegard of Bingen: Visions and Validation. In: Church History 54 (1985), S. 163–175

Orthmann, James: Hildegard of Bingen on the Divine Light. In: 14th C. English Mystics Quarterly 11, H. 2 (1985), S. 60–64

g) Zu Frau und Gesellschaft

Allen, Prudence, RSM: Two Medieval Views on Woman's Identity: Hildegard of Bingen and Thomas Aquinas. In: Studies in Religion / Sciences Religieuses. Revue Canadienne 16, H. 1 (1987), S. 21–36

Dinzelbacher, Peter: Rollenverweigerung, religiöser Aufbruch und mystisches Erleben mittelalterlicher Frauen. In: Ders. (Hg.): Religiöse Frauenbewegung und mystische Frömmigkeit im Mittelalter. Köln 1988

Eder, Annemarie: Weiblichkeit und Sexualität bei Hildegard von Bingen. In: U. Müller (Hg.): Minne ist ein swaerez spil. Neue Untersuchungen zum Minnesang und zur Geschichte der Liebe im Mittelalter. Göppingen 1986, S. 111–141 (Göppinger Arbeiten zur Germanistik 440)

Gössmann, Elisabeth: «Ipsa enim quasi domus sapientiae». Die Frau ist gleichsam das Haus der Weisheit. Zur frauenbezogenen Spiritualität Hildegards von Bingen. In: M. Schmidt, D. Bauer (Hg.): «Eine Höhe, über die nichts geht». Spezielle Glaubenserfahrung in der Frauenmystik? Stuttgart-Bad Cannstatt 1986, S. 1–18 (Mystik in Geschichte und Gegenwart, Abt. 1, Bd. 4)

–: «Ipsa enim quasi domus sapientiae». The Philosophical Anthropology of Hildegard von Bingen. In: Mystics Quarterly 13, H. 3 (Sept. 1987), S. 146–154

Langner, Ilse: Vorläuferinnen der Emanzipation? Drei Nonnen – drei Dichterinnen. In: Neue Deutsche Hefte 26 (1979), S. 497–511

Newman, Barbara Jane: O Feminea Forma: God and Woman in the Works of St. Hildegard. Diss. Yale Univ. New Haven 1981
–: Divine Power Made Perfect in Weakness: St. Hildegard on the Frail Sex. In: L. T. Shank, J. Nichols (Hg.): Peaceweavers. Kalamazoo 1987, S. 103–122 (Medieval Religious Women 2)
–: Sister of Wisdom: St. Hildegard's Theology of the Feminine. Berkeley 1987

5. Zu einzelnen Werken

Zum Briefwechsel

Haverkamp, A.: Tenxwind von Andernach und Hildegard von Bingen. Zwei «Weltanschauungen» in der Mitte des 12. Jahrhunderts. In: Institutionen. Kultur und Gesellschaft im Mittelalter. Festschr. J. Fleckenstein. Sigmaringen 1984, S. 515–548
Schmeidler, B.: Bemerkungen zum Corpus der Briefe der hl. Hildegard von Bingen. In: Corona Quesnea. Festgabe Karl Strecker. Stuttgart 1952, S. 335–366
Van Acker, Lieven: Der Briefwechsel der hl. Hildegard. S. o. unter «Quellenstudien»
–: Der Briefwechsel zwischen Elisabeth von Schönau und Hildegard von Bingen. In: Sacris Erudiri 31 (1989)

Zum «Scivias»

Bynum, Caroline Walker: Vorwort. In: Scivias. New York 1990
Eckert, Willehad P., u. a.: The Vision of Synagoga in the Scivias of Hildegard of Bingen. In: Standing before God. Studies on Prayer in Scriptures and in Traditions. With Essays in Honor of J. M. Oesterreicher. New York 1981, S. 301–311
Führkötter, Adelgundis: Hildegard von Bingen und ihr Werk «Scivias». In: Bilder der Gegenwart 32 (1979), S. 3f.
–: Les miniatures du «Scivias». Turnhout 1977 (Armaria Patristica et Mediaevalia 1)
Kraft, Kent: Text and Illustration in Hildegard of Bingen's «Scivias». In: Z. Konstantinović (Hg.): Literature and the other arts. Innsbruck 1981, S. 43–49 (Innsbrucker Beiträge zur Kulturwiss. Sonderheft 51)
–: The Eye Sees More Than the Heart Knows: The Visionary Cosmology of Hildegard of Bingen. Diss. Univ. Wisconsin 1977
Newman, Barbara J.: Einleitung. In: Scivias. New York 1990, S. 22–53
Radimersky, G.: The homo restitutus in Hildegard von Bingen's «Scivias». In: Kentucky Foreign Language Quarterly 9 (1962), S. 74–85
Schleinzner, Annette: Die Schau der Eucharistie im «Scivias». Freiburg i. Br. 1980
Schönfeld, Hildegard (Hg.): Scivias. Die Miniaturen vom Rupertsberg. Bingen a. Rh. 1979

Zum «Liber vitae meritorum»

Rozumek, Angela: Die sittliche Weltanschauung der hl. Hildegard von Bingen. Eine Darstellung der Ethik des Liber vitae meritorum. Eichstätt 1934 (Diss. Bonn)

Zu «De operatione Dei» (= «Liber divinorum operum»)

Derolez, Albert: The genesis of Hildegard of Bingen's «Liber divinorum operum». The codicological evidence. In: Litterae textuales. Essays presented to G. I. Lieftinck 2. Amsterdam 1972, S. 23–33

Führkötter, Adelgundis: Die Gotteswerke. Vom Sinn und Aufbau des Liber divinorum operum der hl. Hildegard. In: Benediktische Monatsschrift 29 (1953), S. 195–204, S. 306–316

– (Hg.): Kosmos und Mensch aus der Sicht Hildegards von Bingen. Mainz 1987

Schipperges, Heinrich: Gott ist am Werk. Die Schöpfung der Welt in Gottes Ebenbild. Olten 1958

Zum Musikdrama «Ordo virtutum»

Böckeler, Maura: Aufbau und Grundgedanke des Ordo virtutum. In: Benediktische Monatsschrift 4 (1923), S. 300–310

Hozeski, Bruce W.: Parallel Patterns in Prudentius's Psychomachia and Hildegard of Bingen's Ordo Virtutum. In: 14th C. English Mystics Newsletter 8 (1982), S. 8–20

Potter, Robert: The «Ordo Virtutum»: Ancestor of the English Moralities? In: Comparative Drama 20, H. 3 (Fall 1986), S. 201–210

Thornton, Barbara: Die musikalische Konzeption des «Ordo virtutum». Beiheft zur CD: Hildegard von Bingen. Ordo virtutum. Ensemble: Sequentia. New York (BMG Music, deutsche harmonia mundi 77051-2-RG) 1990

Wiethaus, Ulrike: Cathar Influences in Hildegard of Bingen's Play «Ordo Virtutum». In: American Benedictine Review 38, H. 2 (Juni 1987), S. 192–203

Zu einzelnen Liedern

Grant, Barbara L.: «O virga ac diadema»: A Twelfth Century Sequence by Hildegard von Bingen and Its Prophetic Sources. Bronx, N. Y. 1978

Zur «Lingua ignota»

Golden, Bernard: Ignota Lingua, Homografio, Glosa, Uni: Kvar planlingvoj kreitaj de virinoj. In: Fenomeno 5 (1988), S. 10

Namenregister

Die kursiv gesetzten Zahlen bezeichnen die Abbildungen
Die Verwandtschaftsbezeichnungen beziehen sich auf Hildegard von Bingen

Die Autorin

Helene M. Kastinger Riley, am 11. März 1939 in Wien geboren, studierte zunächst an der Musikhochschule der Stadt Wien. 1959 in die Vereinigten Staaten übergesiedelt, setzte sie ihr Musikstudium bis zum Bakkalaureat (1970) fort und konzertierte als Sopranistin. Mit Hilfe mehrerer Stipendien wechselte sie ins Fachgebiet der Germanistik und erwarb den Magistergrad (1973) und Doktortitel (1975) mit einer Dissertation über den Romantiker Ludwig Achim von Arnim. 1975 folgte sie dem Ruf an die Yale University in New Haven/Connecticut. 1985–1995 ordentliche Professorin an der Clemson University in South Carolina. Seit 1996 Alumni Distinguished Professor of German, Clemson University. Helene Riley ist Autorin von 12 Büchern und zahlreichen Artikeln, darunter über Achim von Arnim, Clemens Brentano, Virginia Woolf und Max Weber. 1996 fand unter ihrer Leitung die Wanderausstellung «Cultural Contributions of German-speaking Settlers in South Carolina (1669–1996)» statt. Sie ist Autorin des Bandes über Achim von Arnim in der Reihe «rowohlts monographien».

Quellennachweis der Abbildungen

© Abtei St. Hildegard, Rüdesheim-Eibingen: 2, 24, 56, 64, 68, 70, 122

Aus: Jacob Köbel: Die Legend des heyligen herzogen sant Ruprechts/bey Byngen uff sant Ruprechtsberg leyplich rastende. Die Legend von der seligen jungfrawen sant Hildegard der Christlichen Sibilla und offenbarerin der heymlichen wunderwerck gotes/die Aptißin uff sant Ruprechtsbergk gewessen ist. 1524: 6, 39

© Bibliothèque Nationale de France, Paris: 8

Gent Universitätsbibliothek: 10

Staatsbibliothek Bremen: 12

Landeshauptarchiv Koblenz: 13, 16

Sammlung Dr. Werner Lauter, Rüdesheim-Eibingen: 15, 44, 53, 66 (Foto: L. Schruer), 75, 100, 104 (Foto: L. Schruer), 114, 117 (Foto: P. Valenti Torra), 120 rechts, 121 (Foto: L. Schruer)

Katrin Finkemeier, Hamburg: 19, 25, 29, 119

(Rheinisches Landesmuseum, Bonn: 21)

St. Rupertuskloster, Bingen: 22, 48 (Fotos: Dr. Kuhn, Ingelheim)

Württembergische Landesbibliothek, Stuttgart: 27 (Foto: Bildarchiv Foto Marburg), 42

Biblioteca Statale, Lucca, su concessione del Ministero per i Beni Culturali e Ambientali: 33, 79, 84

Universitätsbibliothek Heidelberg: 51

Hessische Landesbibliothek Fulda: 52

Archiv für Kunst und Geschichte, Berlin: 54/55, 93, 111, 140

Aus: Hildegard von Bingen: Scivias. Hg. von Jacobus Faber. Paris 1513: 61

Aus: Hartmann Schedel: Liber chronicarum. Nürnberg 1493: 73

Aus der «Kölner Bibel». 1479: 81

Aus: Hildegard von Bingen 1179–1979. Festschrift zum 800. Todestag der Heiligen. Hg. von Anton Ph. Brück. Mainz 1979: 89

Aus: Das Hohe Mittelalter. Hg. von Rolf Toman. Köln 1988: 102

Aus: Johann Schaeffler: Kalender deutsch. Ulm 1498: 108

Staatsbibliothek zu Berlin, Preußischer Kulturbesitz: 113

Pfarrkirche Eibingen: 118

Aus: Günther Mahal: Faust. Die Spuren eines geheimnisvollen Lebens. Reinbek bei Hamburg 1995: 120 links

Literatur

rowohlts monographien
Begründet von Kurt Kusenberg, herausgegeben von Wolfgang Müller und Uwe Naumann.

Alfred Andersch
dargestellt von
Bernhard Jendricke
(395)

Lou Andreas-Salomé
dargestellt von Linde Salber
(463)

Jane Austen
dargestellt von
Wolfgang Martynkewicz
(528)

Simone de Beauvoir
dargestellt von
Christiane Zehl Romero
(260)

Wolfgang Borchert
dargestellt von
Peter Rühmkorf
(058)

Lord Byron
dargestellt von
Hartmut Müller
(297)

Albert Camus
dargestellt von
Brigitte Sändig
(544)

Raymond Chandler
dargestellt von
Thomas Degering
(377)

Charles Dickens
dargestellt von
Johann N. Schmidt
(262)

rowohlts monographien

Theodor Fontane
dargestellt von
Helmuth Nürnberger
(145)

Maxim Gorki
dargestellt von
Nina Gourfinkel
(009)

Brüder Grimm
dargestellt von
Hermann Gerstner
(201)

Henrik Ibsen
dargestellt von
Gerd E. Rieger
(295)

James Joyce
dargestellt von Jean Paris
(040)

Ein Gesamtverzeichnis der Reihe *rowohlts monographien* finden Sie in der *Rowohlt Revue*. Vierteljährlich neu. Kostenlos in Ihrer Buchhandlung.

Literatur

rowohlts monographien
Begründet von Kurt Kusenberg, herausgegeben von Wolfgang Müller und Uwe Naumann.

Thomas Bernhard
dargestellt von Hans Höller
(504)

Agatha Christie
dargestellt von
Herbert Kraft
(493)

Carlo Goldoni
dargestellt von
Hartmut Scheible
(462)

Franz Kafka
dargestellt von
Klaus Wagenbach
(091)

Heinar Kipphardt
dargestellt von Adolf Stock
(364)

Gotthold Ephraim Lessing
dargestellt von
Wolfgang Drews
(075)

Jack London
dargestellt von Thomas Ayck
(244)

Nelly Sachs
dargestellt von
Gabriele Fritsch-Vivié
(496)

William Shakespeare
dargestellt von Alan Posener
(551)

Anna Seghers
dargestellt von
Christiane Zehl Romero
(464)

rowohlts monographien

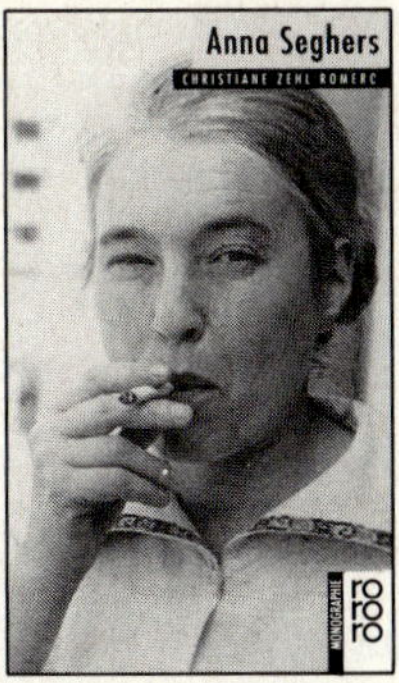

Theodor Storm
dargestellt von
Hartmut Vinçon
(186)

Italo Svevo
dargestellt von
François Bondy und
Ragni Maria Gschwend
(459)

Jules Verne
dargestellt von Volker Dehs
(358)

Oscar Wilde
dargestellt von Peter Funke
(148)

Stefan Zweig
dargestellt von
Hartmut Müller
(413)

Ein Gesamtverzeichnis der Reihe *rowohlts monographien* finden Sie in der *Rowohlt Revue*. Vierteljährlich neu. Kostenlos in Ihrer Buchhandlung.

4505/7a